O dom do perdão

Coleção Caminhos da Psicologia

- *Ajudar sem se esgotar: como superar a síndrome de esgotamento nas profissões de saúde e nas relações assistenciais* – Luciano Sandrin
- *Apego & amor: entenda por que escolhemos nosso parceiro* – Grazia Attili
- *Autismo infantil: o que é e como tratar* – Pierre Ferrari
- *Como administrar os conflitos e vencer... juntos* – Paolo Salvatore Nicosia
- *Conversando a gente se entende: como manter uma comunicação harmoniosa consigo mesmo e com o outro* – Gilles Sauvé
- *Estou de luto: reconhecer a dor para recuperar a esperança* – José Carlos Bermejo
- *Faça menos e seja mais amado: como manter relações saudáveis e equilibradas* – Peg Tompkins
- *Jovens violentos: quem são, o que pensam, como ajudá-los?* – Filippo Muratori
- *Liderar não é preciso: um guia prático para o dia a dia dos líderes* – Maria Elisa Moreira
- *Não aguento mais! Uma análise realista das crises das relações a dois* – Elisabetta Baldo
- *Se você me ama, diga! Observações sobre a (falta de) comunicação na vida conjugal* – Eleonora Canalis
- *Sexualidade e amor: uma visão integral do ser humano e dos relacionamentos* – Gigi Avanti
- *Tive uma ideia! O que é criatividade e como desenvolvê-la* – Monica Martinez
- *Trabalhar com o coração* – Valerio Albisetti

Giulia Paola Di Nicola
Attilio Danese

O dom do perdão

Possibilidades para a sociedade e a família

Paulinas

Dados Internacionais de Catalogação na Publicação (CIP)
(Câmara Brasileira do Livro, SP, Brasil)

Di Nicola, Giulia Paola
    O dom do perdão : possibilidades para a sociedade e a família /
Giulia Paola Di Nicola, Attilio Danese ; tradução Leonilda Menossi. – São
Paulo : Paulinas, 2014. – (Coleção caminhos da psicologia)

    Título original: Perdono – per dono : quale risorsa per la società
e la famiglia
    Bibliografia.
    ISBN 978-85-356-3817-2

    1. Família - Aspectos religiosos 2. Perdão 3. Relações familiares
4. Relações interpessoais I. Danese, Attilio. II. Título. III. Série.

14-09034   CDD-158.24

Índice para catálogo sistemático:
1. Perdão na família : Relacionamento : Psicologia aplicada   158.24

Título original da obra: *Perdono... per dono*
Quale risorsa per la società e la famiglia
© 2005 Effatà Editrice, Via Tre Denri 1, 10060 Cantalupa, Italia.

Direção-geral: *Bernadete Boff*
Editora responsável: *Andréia Schweitzer*
Tradução: *Leonilda Mnossi*
Copidesque: *Simone Rezende*
Coordenação de revisão: *Marina Mendonça*
Revisão: *Ivan Antunes*
Gerente de produção: *Felício Calegaro Neto*
Capa e editoração eletrônica: *Jéssica Diniz Souza*
Imagem de capa: © *picsfive - Fotolia*

1ª edição – 2014
1ª reimpressão – 2019

Nenhuma parte desta obra poderá ser reproduzida ou transmitida
por qualquer forma e/ou quaisquer meios (eletrônico ou mecânico,
incluindo fotocópia e gravação) ou arquivada em qualquer sistema ou
banco de dados sem permissão escrita da Editora. Direitos reservados.

Paulinas

Rua Dona Inácia Uchoa, 62
04110-020 – São Paulo – SP (Brasil)
Tel.: (11) 2125-3500
http://www.paulinas.com.br – editora@paulinas.com.br
Telemarketing e SAC: 0800-7010081
© Pia Sociedade Filhas de São Paulo – São Paulo, 2014

SUMÁRIO

Apresentação 7

Premissa 11

Os benefícios sociais do perdão 17

Das brigas conjugais ao perdão 45

O perdão difícil 71

Qual perdão? 109

O perdão sábio 153

Apêndice: A Palavra do perdão 175

APRESENTAÇÃO

Num tempo como o nosso, "perdão" parece um termo fora de uso e distante da sensibilidade de uma cultura que gosta de falar mais de direitos individuais, de uma justiça a reclamar, de reivindicações e de sucesso. Pedir perdão e perdoar é tido por muita gente como um gesto humilhante ou condescendente. Reconhecer o valor do perdão nos coloca na contramão da cultura dominante.

No entanto, o perdão é ainda a única escolha corajosa capaz de reavivar um relacionamento comprometido pela ofensa e pela humilhação, capaz de reunir uma família que pense além da pobreza cotidiana, de criar esperanças para as situações críticas.

É preciso uma palavra de perdão e de reconciliação para dar vida e calor aos relacionamentos cotidianos. Todas as famílias têm necessidade de perdão, também aquelas que parecem isentas de conflitos aparentes. O perdão é necessário tanto na comunidade cristã como na civil, na vida eclesial e na vida social e política... O perdão é uma proposta de grande atualidade, especialmente numa cultura como a nossa, que ainda sabe suscitar interesse e atenção.

Foi por isso que o Conselho Nacional da Conferência Episcopal Italiana para a Pastoral Familiar sugeriu uma pesquisa em torno do tema do perdão, sobretudo no âmbito da família, para os estudos sobre espiritualidade conjugal e familiar de 2005-2006.

O texto aqui apresentado nos coloca nessa perspectiva. Agradeço à Giulia Paola Di Nicola e a Attilio Danese – membros do Conselho e colaboradores da Secretaria Nacional de Pastoral Familiar – por terem preparado o terreno para tal estudo. Este livro tem o mérito de fazer um corte interdisciplinar, com referências precisas e documentadas das áreas de Psicologia, Filosofia e Ciências da Comunicação. Isso nos permite extrair de cada disciplina o que há de melhor nos estudos contemporâneos e submeter ao crivo de uma espiritualidade sustentada pela Palavra de Deus.

Trata-se, pois, de um estudo ágil e rigoroso, prático, antropológica e filosoficamente fundamentado, sustentado pela competência que mantém o prazer da leitura, acessível a todos. O livro parte da constatação de que na vida conjugal os desentendimentos são quase normais, pois evidenciam as inevitáveis diferenças de gênero. Do resultado depende o futuro do casal: uma relação pode falhar, mas pode também dar um salto de qualidade. Essa segunda possibilidade – fruto do perdão, numa ótica de fé – pode tornar-se particularmente construtiva, porque, uma vez confrontadas e esclarecidas as incompreensões, permite ao casal prosseguir sobre bases mais sólidas.

Trata-se, então, em certo sentido, de aprender a "brigar bem", ou seja, a viver o conflito como experiência de confronto e crescimento; é claro que isso exige regras, como bem indicam os autores. Em confronto com o Evangelho e com a força do Espírito Santo, que acompanha o casal na sua caminhada, o perdão torna-se "bonito e possível"; e a vida familiar, embora em meio às inevitáveis dificuldades, constrói-se dia após dia como uma vida reconciliada na comunhão e como uma história de salvação.

Os autores dedicam-se de modo privilegiado à experiência da família, porque é nela que se aprende a usar a comunicação e porque a vida em família – canteiro cotidiano de santidade – torna-se escola permanente de perdão. Mas, a partir da família, o olhar alcança todos os relacionamentos sociais, a sociedade toda, as relações entre os povos e as nações. Pode-se dizer que uma família que vive a experiência do perdão contribui de modo eficaz para a renovação do mundo e para a construção da civilização do amor.

Faço votos que, a exemplo de Giulia e Attilio – e com o estímulo dos estudos sobre a espiritualidade conjugal e familiar –, muitos outros especialistas de várias disciplinas teológicas e humanas explorem com confiança e criatividade o horizonte regenerador e fecundo do perdão, e assim se abram novos caminhos na experiência cristã e na vida civil.

Dom Sergio Nicolli
Diretor da Secretaria da Pastoral Familiar
da Conferência Episcopal Italiana

PREMISSA

Não julgueis e não sereis julgados;
não condeneis e não sereis condenados;
perdoai e sereis perdoados.
(Lc 6,37)

Louvado sejas, meu Senhor,
pelos que perdoam por teu amor,
e suportam enfermidades e tribulações.
Bem-aventurados os que as sustentam em paz,
que por ti, Altíssimo, serão coroados.
(São Francisco, *Cântico do Irmão Sol*)

Na base da necessidade de perdão está o inevitável conflito entre as pessoas, que são e permanecem diferentes. Em todos os relacionamentos humanos, não há quem não se sinta, cedo ou tarde, ofendido por palavras, gestos, ou até mesmo pelo silêncio de um amigo, tanto mais em se tratando de uma pessoa amada, da qual se conhece o "calcanhar de aquiles". Faz parte da liberdade da pessoa o poder de dar alegria ao outro, como também, voluntária ou involuntariamente, de fazê-lo sofrer.

Igualmente, na relação conjugal, sobre a qual nos deteremos de modo particular, não existe uma sintonia pacificadora, *eros* sem *thanatos*, que constitui quase que sua outra face. Se assim fosse, haveria apenas um nivelamento sob uma posição dominante, talvez porque um dos dois é vítima do outro, tem uma personalidade frágil ou é menos dotado de recursos financeiros ou intelectuais. Não é o tu que está diante de si, com uma perspectiva diferente e estimulante.[1]

Não basta que dois noivos previdentes, tendo em conta o conflito, se preparem para administrá-lo, pactuando juntos algumas regras. É necessário que se prometam o perdão, se quiserem projetar uma longa vida em comum. A casa não estará firme "sobre a rocha", se for apoiada apenas sobre a paixão, sobre a subentendida psicologia ou ideologia, enquanto lhe falta aquela comunhão que se apoia na disponibilidade de perdoar.[2]

Entende-se que haja certa desconfiança sobre o tema, muito pregado e pouco praticado. Não se pode falar de perdão como se bastasse dizer "eu perdoo você", mudando como num passe de mágica a cólera em misericórdia e não levando em conta as feridas que doem.

---

[1] Cf. VANZAN, P. Prefácio de G. P. Di Nicola. *Uguaglianza e differenza*. La reciprocità uomo-donna. Roma: Città Nuova, 1989. pp. 9-12.

[2] Sobre a mesma dimensão, cf. E. Scabini e V. Cigoli. Ideale di coppia e riconciliazione. In: SCABINI, E.; ROSSI, G. (Eds.). *Dono e perdono nelle relazioni familiari e sociali*. Milano: Vita e Pensiero, 2000. pp. 161-186. Os autores escrevem: "Do nosso ponto de vista, na base do empenho nos vínculos e da capacidade de controle da agressividade, encontram-se justamente a disponibilidade para a reconciliação e a dedicação" (p. 177).

Não é demais nos perguntarmos se é possível perdoar de verdade, se vale a pena, se existe algo realmente imperdoável, se o perdão pode ser eficaz ou se apenas manifesta fraqueza, se a recomendação de Jesus de perdoar "setenta vezes sete" pode ser considerada apenas um bom auspício.

Não poucas pessoas perguntam-se quais os limites entre interesse e gratuidade. Como não pensar que certos perdões sejam instrumentais: "Hillary perdoou Clinton", "Clinton pediu perdão a Hillary e à América"; ou quando imediatamente após o homicídio de uma garotinha violentada, enquanto a multidão invoca a pena de morte, os jornalistas perguntam à mãe: "Está disposta a perdoar?".

Quando existe o verdadeiro perdão, ficamos perplexos e desorientados, e nos perguntamos se entendemos mal, ou se não seria uma alucinação. Não tendo a chave para penetrar a alma da pessoa, muitos optam por um cético desencanto. Diante da complexidade do assunto, seria, porém, incorreto reduzir o resultado benéfico, como frequentemente se faz na cultura midiática contemporânea, que nem sequer o toma em consideração.

O resultado ético no conflito conjugal é o divórcio, que resolve e repara o que está errado. Haveria apenas duas categorias de pessoas ofendidas: os covardes, que suportam; e os corajosos, que tomam a situação nas mãos e reagem ao sofrimento com o rompimento dos laços, única solução considerada digna. Entretanto, é a capacidade de perdoar que salva os casamentos e a própria sociedade.

> Frequentemente as famílias se desfazem por não se saber perdoar. Ódios antigos mantêm a divisão entre parentes, entre grupos sociais, entre povos. Por vezes há mesmo quem ensine a não esquecer as ofensas, a cultivar sentimentos de vingança... E um surdo rancor envenena a alma e corrói o coração.[3]

Diz uma lenda bíblica: "Quando Javé criava o mundo, não conseguia fazê-lo ficar ereto, ele continuava a cair. Então ele criou o perdão, e o mundo ficou de pé".

O título *O dom do perdão* refere-se à etimologia da palavra (a qual se encontra já na literatura pré-cristã, ou melhor, na tradução de uma fábula de Esopo), no sentido de perdoar com perfeição e, portanto, ser sumamente generoso no dom, um "superdom". O perdão, para o filósofo e musicólogo francês Jankélévitch,[4] é "mais e é menos que dom": é menos só na aparência, dado que o

---

[3] LUBICH, C. *Parola di vita*, set. 2002, p. 3.

[4] Cf. LICIANI-PETRINI, E. Vladimir Jankélévitch. Pensare al Margine. In: "Aut Aut", 270 (1995). JANKÉLÉVITCH, W. *La musique et l'ineffable*. Paris: A. Coli, 1961. Tradução de E. Liciani-Petrini. Napoli: Tempi Moderni, 1985. LISCIANI-PETRINI, E. *L'apparenza e le forme*: filosofia e musica in Jankélévitch. Napoli: Tempi Moderni, 1991.

autor não doa um objeto; na realidade, doa mais, porque sacrifica o ser de quem foi ofendido e, graças a esse sacrifício, dissolve o gelo das relações.

João Paulo II sublinha:

> A vida conjugal passa também pela experiência do perdão, pois o que seria um amor que não consegue perdoar? Essa, que é a mais alta forma de união, empenha todo o ser que, por vontade e por amor, aceita não parar na ofensa e crê que um futuro é sempre possível e melhor do que qualquer passado. O perdão é uma forma eminente de dom, que afirma a dignidade do outro, reconhecendo aquilo que é, muito além daquilo que faz. Quem perdoa permite também àquele que é perdoado descobrir a grandeza infinita do perdão de Deus. O perdão faz reencontrar a confiança em si mesmo e reconstrói a comunhão entre as pessoas, dado que não pode haver vida conjugal e familiar de qualidade sem uma conversão constante e sem a vontade de despojar-se dos próprios egoísmos. Contemplando Cristo que perdoa na cruz, o cristão encontra a força do perdão.[5]

Há no perdão algo que é destinado a permanecer em segredo; antes, é exatamente esse segredo a condição da

---

[5] JOÃO PAULO II. Discorso alle giovani famiglie di Francia, proferido durante a visita pastoral na França (de 19 a 22/9/1996) a milhares de jovens casais presentes no Parc Du Memorial de Sainte Anne d'Auray, em Bretagne.

sua verdade. Não por acaso somente em Cristo se pode falar de um dom consciente e livre:

> É por isso que o Pai me ama: porque dou a minha vida. E assim, eu a recebo de novo. Ninguém me tira a vida, mas eu a dou por própria vontade. Eu tenho poder de dá-la, como tenho poder de recebê--la de novo. Tal é o encargo que recebi do meu Pai (Jo 10,17-18).

GIULIA PAOLA DI NICOLA
E ATTILIO DANESE

OS BENEFÍCIOS SOCIAIS DO PERDÃO

O perdão socialmente virtuoso

O interesse do mundo cultural pelo tema do perdão remonta aos anos 1970 e teve seu auge por volta do ano 2000, por causa do Jubileu. Por uma ligação evidente entre perdão e cristianismo, geralmente ele é entendido como uma virtude cristã heroica, o que é verdade só em parte, já que se trata também de uma virtude social, indispensável à sobrevivência de qualquer agrupamento humano. Do ponto de vista teórico, social e político, o perdão é necessário para a convivência: se a gratuidade do perdão tem origem numa exigência do coração humano, a sociedade também deve, a seu modo, representá-lo; antes, ela se tornaria "desumana" se não espelhasse essas características. De fato, uma sociedade sem perdão aniquila os inimigos, é totalitária, ou então, assiste, impotente, à morte de ambas as partes em confronto e, portanto, à sua própria extinção.

A observância exasperante apenas da justiça nas instituições políticas parece criar um ambiente justo, mas na realidade estabelece um reino de *elites*, do qual estão

o dom do perdão | 17

excluídos os mais frágeis, os pecadores e os marginalizados. De fato, os culpados pelos delitos estão, em geral, em maior desvantagem social, e, portanto, menos protegidos do mal. Onde podem encontrar refúgio, se a sociedade é dominada por uma justiça que, de per si, já os vê como perdedores? Também por isso o filósofo e historiador Jules Michelet interpretou a Revolução Francesa como uma reação dos excluídos do reino de uma justiça humana elitizada e também de uma pseudograça divina:

> A graça reina somente no céu; na terra reina o favor... A Revolução não é outra coisa senão a reação tardia da Justiça contra o reino do favor e a religião da graça.[1]

O perdão é socialmente virtuoso porque interrompe o círculo vicioso da vingança, que leva as vítimas a identificarem-se com os algozes e a repetir as crueldades sofridas, transmitindo assim, de geração em geração, a predisposição para a vingança e o aniquilamento do inimigo.

Certamente, o perdão tem níveis e âmbitos diferentes, conforme se trata de uma pessoa, de pequenos gru-

---

[1] MICHELET, J. *Histoire de la Révolution française*, I. Paris: Gallimard, 1979. p. 30. [Ed. bras.: *História da Revolução Francesa*. 1. reimpr. São Paulo: Companhia das Letras, 2003.]

pos, da sociedade, do Estado. Quando se distinguem as formas de associação da comunidade, da sociedade e do Estado, como faz a filósofa e teóloga alemã Edith Stein, sublinha-se oportunamente que os dois primeiros âmbitos (a sociedade com seus relacionamentos impessoais e a sua racionalização, e o Estado, juridicamente estruturado) são delegados para a administração da justiça, segundo critérios de equivalência. É a comunidade o lugar em que o relacionamento interpessoal prevalece e no qual é possível acolher o outro, mesmo que ele seja culpado. Aplicar a punição compete ao Estado, ao passo que o arrependimento e o perdão competem à pessoa e se aplicam às relações interpessoais.[2]

Evidentemente, as instituições não podem regulamentar o perdão, que diz respeito à consciência da pessoa, como se fosse uma operação de engenharia institucional: o perdão vai da pessoa à pessoa; é concedido pela pessoa ofendida ao ofensor, sempre graças a um ato pessoal, livre e responsável: "A superabundância do perdão é sempre algo não obrigatório".[3] Contudo, embora permaneçam diferentes, é importante notar que existem numerosas interseções entre os diferentes

---

[2] Cf. BELLO, A. A. Apresentação. In: MASTANTUONO, A. *La profezia straniera*. Il perdono in alcune figure della filosofia contemporânea. Milano: San Paolo, 2002.

[3] REVILLON, B. '900: l'ora del perdono. Intervista a Ricoeur. In: *Avvenire*, 8 ago. 1999.

âmbitos. Se assim não o fosse, o perdão permaneceria confinado à boa intenção pessoal, à consciência e ao testemunho particular, sem incidir em âmbitos institucionais. Ficaríamos na perspectiva fascinante de Vladimir Jankélévich:

> O perdão, ao pregar com o exemplo, parece sussurrar aos rancorosos: faça como eu, que estou fora da legalidade; faça como eu, que não exijo até o último dos meus direitos, que não faço valer minhas razões, que não exijo reparação nem indenização dos prejuízos, que absolvo todos os meus devedores; numa palavra, faça como eu, que perdoo sem ser obrigado a isso... uma grande sensação de paz se apodera de todo o ser.[4]

Mastantuono nota, oportunamente:

> O fato de que em toda outra esfera da vida social o perdão não tenha lugar acaba por minar a própria possibilidade de ele sobreviver na dimensão familiar... é legítimo falar de "princípio de perdão", seja como raiz de uma competência relacional não violenta, seja como fundamento de uma nova convivência.[5]

O perdão não desvaloriza os critérios objetivos de julgamento. Uma sociedade pode e deve punir os cul-

---

[4] JANKÉLÉVITCH, V. *Il perdono*. Milano: IPL, 1968. p. 216.
[5] MASTANTUONO, A. *La profezia straniera*, cit. pp. 188-189.

pados, mas tornar-se-ia desumana caso se enfurecesse contra eles, aplicando a lógica impessoal e férrea da justiça que, por fidelidade a princípios de equivalência e reparação, condena e aplica a penalidade, talvez até a pena de morte.[6] Além disso, sem o perdão judicial, uma sociedade ficaria paralisada no passado, concentrada nos erros, na narração infinita daquilo que aconteceu e não deveria ter acontecido, portanto, esclerosada. Não viveria plenamente o presente nem poderia projetar o futuro. Ao contrário, uma sociedade que admite o perdão alimenta de positividade a história e olha esperançosa para o futuro.

Se não se considera o perdão como privilégio somente dos que creem, ele nos aparece como um prodigioso instrumento de "ecologia social", que purifica os relacionamentos humanos das escórias das intolerâncias e do ódio.[7] Por consequência, tornam-se preciosos todos os expedientes válidos para alimentar a taxa de perdão de uma sociedade. De outro modo, pagar-se-ia o preço do aumento da taxa de estresse, provocada por ressentimentos intermináveis, por suspeitas, por insegurança, além dos custos de um transtorno social que costuma

---

[6]   Cf. DANESE, A. *Non uccidere Caino*. Milano: Paoline, 2002.

[7]   Além do texto de DI NICOLA, G. P. *Por un'ecologia della società* (Roma: Dehoniana, 1994), cf. LELEU, G. *L'écologie de l'amour*. Rétablir la communication pour une vie de couple épanouie. Paris: Flammarion, 2001.

o dom do perdão

provocar doenças psicológicas e neurológicas: uma sociedade é tanto mais sadia, forte e produtiva, quanto mais pacificada é no seu interior.

Em geral, vale a regra de que uma sociedade não pode viver no fundamentalismo da justiça da retaliação; e, mesmo que mantenha firmes os princípios da justiça, deve contemplar, também em âmbito institucional, a possibilidade de formas de perdão que permitam a reconciliação entre as partes e ofereçam oportunidade de recomeçar. Pensemos na instituição das figuras profissionais do *mediador familiar* (com referência aos casais) e do *juiz de paz*, com a tarefa de estimular uma conciliação pré-jurídica, menos custosa, menos burocrática e mais conveniente.

A justiça permanece a mesma, com seu rigor político-jurídico, mas admite-se a exceção do perdão, ou seja, a economia do dom, com sua lógica mais poética do que ética, e a cooperação com a economia da troca e da justiça.

Ricoeur escreveu:

> Reconheço que estamos nos limites entre o político e o poético; mas é bom saber que o político, mesmo no seu rigor, permanece político se a regra do mútuo reconhecimento sabe admitir, excepcionalmente, a transgressão do perdão, com o qual favorece algo da economia do dom, com sua lógica da superabundân-

cia, e coopera com a economia da reciprocidade e, portanto, da equivalência.[8]

As instituições participam do excelente dom do perdão, de formas diferentes, mais condicionadas e discutíveis, mas que repropõem seu sentido e efeitos através de algumas medidas de clemência, tais como a remissão ou a *redução da pena*, após o reconhecimento dos atenuantes.

Um eco institucional do perdão são as *anistias*, que têm a ver com a anulação da pena, ainda que sejam frequentemente concedidas em função de interesses do Estado (esvaziar os cárceres, evitar rebeliões, destacar um fato ou evento de importância fundamental). Sabe-se, porém, que o excesso de anistias pode favorecer o esquecimento. O mesmo vale para as *moratórias* e o *indulto econômico*.

Nos tribunais encontramos a regra da *prescrição*, que não é propriamente perdão, mas que estabelece que o culpado não deve pagar por um erro cometido muitos anos atrás, quando a própria sociedade já o esqueceu, ainda que ele permaneça objetivamente culpado. A França discutiu longamente, nos anos 1970, acerca da polêmica entre o imperdoável e o imprescritível,

---

[8] RICOEUR, P. Le sfide e le speranze del nostro comune futuro. *Prospettiva Persona*, 4 (1993) pp. 6-16, 13-14.

o dom do perdão

sobretudo em relação ao extermínio dos judeus (para Jankélévitch, é incompreensível como "o tempo, processo natural, sem valor normativo, possa exercer uma ação atenuante sobre o erro insustentável de Auschwitz"). Porém, é necessário haver uma razão muito séria para suspender a regra da prescrição, dado que a sociedade não pode permanecer encolerizada contra si mesma para sempre. Não se pode reclamar uma propriedade, um débito, uma conta, depois de um período de tempo muito longo. Trata-se de uma regra de paz social.

Sobre os pressupostos que têm a ver com o perdão baseia-se também o instituto da *graça por parte do Estado*, o qual, em face do poder supremo atribuído a seu representante, pode anular uma pena aplicada a um cidadão reconhecidamente culpado.

Ao acentuar a dimensão social e política do perdão, Hannah Arendt o concebe como um princípio-guia para superar as dificuldades de ação no âmbito das relações públicas e comerciais.[9] As pessoas podem livrar-se reciprocamente do mal cometido e, portanto, não estarem mais ligadas ao passado; podem voltar a agir com liberdade, podem ligar-se a um projeto novo ("ainda que [os homens] tenham de morrer, não nas-

---

[9] ARENDT, H. Vita activa: la condizione umana. Milano: Bompiani, 1966. p. 176. [Ed. bras.: *A condição humana*. 10. ed. 8. reimpr. Rio de Janeiro: Forense-Universitária, 2008.]

ceram para morrer, mas para começar"[10]). Nessa ótica, segundo Arendt, o perdão não aparece como amor, já que o amor tende à fusão e, portanto, "destrói o espaço intermediário, o *entre* que nos põe em relação com os outros e que dos outros nos separa". Ao contrário, supõe o espaço de separação que garante a possibilidade de convivência da pluralidade. O valor político do perdão consiste nesse respeito à pluralidade, que é constitutivo do âmbito político. Assim, o amor seria apolítico ou antipolítico, enquanto o perdão restituiria o respeito (equivalente ao amor nas ações humanas) e o poder de ação para o outro. Perdoar e agir estão, portanto, estreitamente ligados, pelo fato de tornarem possível evitar a paralisia e criar algo novo.

A necessidade de perdão nasce do fato de que a própria natureza da ação contempla o pecado. E se a vida deve continuar, é preciso que não prevaleça a vingança, mas o perdão, dissolvendo vínculos e garantindo a ação de recomeçar, já que é a ação que garante a emancipação da necessidade. A respeito da dificuldade extrema perante uma ação irreversível, o perdão é potencialidade, é restituição de poder, de cidadania ativa, de possibilidade irrestrita de encontrar-se.[11]

---

[10] Ibid., p. 182.

[11] Vê-se aqui que o poder é entendido como oposto à violência: "A violência pode destruir o poder; é absolutamente incapaz de criá-lo" (ARENDT, H. Sulla vio-

É notável o fato de Arendt atribuir o valor social do perdão a Jesus de Nazaré:

> Quem descobriu o valor do perdão nas atividades humanas foi Jesus de Nazaré. O fato de ele ter feito esta descoberta em um contexto religioso não é motivo para levá-la menos a sério num sentido estritamente profano.[12]

Talvez o limite da colocação de Arendt consista tanto na insuficiente insistência da imputabilidade da pessoa – o que explica o ganho diante do imperdoável do holocausto – quanto no fato de o perdão permanecer como uma espécie de "necessidade" que subestima a gratuidade. Em relação a Arendt, e a quantos reduzem o perdão a um fato social "normal", Ricoeur rebate:

> O perdão não é, nem deveria ser normativo nem normalizante. Deveria permanecer excepcional e extraordinário, à prova do impossível; como se interrompesse o curso ordinário da temporalidade histórica.[13]

---

lenza. Milano: Mondadori, 1971, pp. 69-70 [Ed. bras.: *Sobre a violência*. 22. ed. Rio de Janeiro: Relume Dumará, 1994]).

[12] ARENDT, H. Vita activa, cit. p. 176.

[13] RICOEUR, P. *La mémoire, l'histoire, l'oubli*. Paris: Seuil, 2000. p. 637. [Ed. bras.: *A memória, a história, o esquecimento*. Campinas: Ed. Unicamp, 2007.]

A dialética entre justiça e perdão

O perdão não é inimigo da justiça, nem a anula, mas sim a torna verdadeira, se for entendido como excesso de justiça. Podemos pensar a justiça como algo que é devido (pagamento de impostos) e o perdão como justiça indevida (doações humanitárias, o trabalho voluntário nas prisões...). Não se pode exigir o perdão por lei, como acontece com a justiça. Entretanto, a justiça sem o perdão se transforma em instrumento de opressão e injustiça. O marxismo assentou todo o seu fundamento teórico sobre uma exigência de justiça inflexível e reivindicativa, capaz de criar "solidariedade" apenas no interior do proletariado. Perdão e justiça parecem incompatíveis, e a consequência foi o ódio contra a burguesia. Mas exatamente porque o perdão não teve espaço, a própria justiça perdeu a sua força positiva.

Não é fácil encontrar o sentido de perdão no cenário político e nas relações entre os povos, se o compararmos ao perdão que brota do coração de uma pessoa. A concessão pessoal do perdão não necessariamente anula a obrigação de pagar a pena objetivamente estabelecida. Aqui se percebe bem a distinção entre o âmbito pessoal e o político: o exemplo de Ali Agca, a quem João Paulo II visitou na prisão e perdoou, mostra que o perdão pode dar-se em âmbito pessoal, sem exigir que o culpado seja libertado do cárcere, ou seja, sem tocar na jurisdição dos tribunais.

A possibilidade de reconciliação entre duas nações que guerrearam longamente entre si se mede em séculos. Como transformar o ódio em perdão no caso de católicos e protestantes da Irlanda do Norte, de muçulmanos e cristãos da Iugoslávia, dos povos do hemisfério Sul em relação aos do Norte, que usurparam e destruíram o seu ecossistema? Ódios seculares entre povos (Kosovo, Chechênia, Oriente Médio etc.) pesam como pedras no processo da paz internacional. Não se pode falar de perdão sem uma séria revisão das relações. Contemplando o século XX, com sua carga de horrores (mas também o século atual com seu horizonte de novas guerras), percebe-se a necessidade de percorrer mais depressa o caminho da paz. Não se pode pretender que inimigos seculares confraternizem, mas se pode pedir a eles que estabeleçam relações corretas. A reconstrução da Europa, graças ao restabelecimento das relações solidárias entre nações que algumas décadas antes se combateram duramente, é condição indispensável para a retomada de um clima internacional aceitável. Para poderem recomeçar, as nações devem deixar de lado as acusações recíprocas e lançar um novo olhar, capaz de compreender as razões alheias e identificar-se com os sofrimentos que vencedoras e vencidas tiveram de suportar. Escreve Ricoeur:

Ter piedade significa deixar de acusar. É perceber o outro como vítima e, indo mais a fundo, como sofredor. A história terrificante do século XX, ligada à minha própria experiência de sofrimento e dor, tem-me sido ocasião de refletir sobre a compaixão. A minha primeira atitude perante o mal não é a de procurar um culpado, mas a de centrar a atenção sobre a vítima. É uma questão de orientação do olhar... "Bem-aventurados os que choram, porque serão consolados".[14]

Também em âmbito internacional pode-se falar em perdão necessário, ainda que ditado prevalentemente por interesses políticos e econômicos. Pode-se vez ou outra arriscar algum pedido extraordinário, ainda que somente para propor gestos proféticos sobre a mesa das tratativas, como quando, em plena corrida nuclear, K. Barth invocou um gesto unilateral de interrupção por parte de ao menos um dos adversários. Aconteceu também de uma única pessoa pedir simbolicamente perdão em nome de seu povo, sem renegar sua pertença, mas assumindo sobre si toda a vergonha dos crimes cometidos. O seguinte episódio foi narrado nas crônicas de setembro de 2004: Bernhard Lehemann, professor alemão, percorreu a Itália para pedir desculpas e ressarcir os deportados à Alemanha (uma lista de 210 nomes),

---

[14] REVILLON, B. '900: l'ora del perdono, art. cit.

obrigados a trabalhos forçados em fábricas de produtos químicos convertidas à economia de guerra. "Peço perdão em nome dos meus estudantes e da minha cidade (Gershofen)", disse ele aos interessados e a seus descendentes, entregando-lhes uma soma simbólica de 750 euros.

Uma sociedade precisa de justiça, ou seja, de estabelecer regras e aplicar penas exemplares a quem as transgride e é julgado culpado. Se não o fizesse, cairia no *bellum omnium contra omnes* (guerra de todos contra todos), e justificaria o dito de Plauto "*Homo homini lupus*" (O homem é o lobo do homem), retomado por Hobbes.[15] Também no âmbito das relações interpessoais, às vezes é necessário salvaguardar uma defesa sadia de si mesmo, quando se decide pôr um freio no comportamento injusto e quiçá violento do outro, utilizando os métodos mais oportunos para impedir que, em determinada situação, se faça mal a si mesmo e aos demais. Às vezes se pode pensar que não se dispõe da força interior necessária para resistir, e mais ainda, para perdoar. Conforme o caso, é melhor aguardar ou fugir de uma situação difícil. Um gesto de prodigalidade apressada pode resultar desrespeitoso para consigo mesmo e, talvez, deseducativo em relação ao outro. Um

---

[15] Cf. HOBBES, T. *Elementi di legge naturale e política*. Scandicci: La Nuova Italia, 1985. [Ed. bras.: *Os elementos da lei natural e política*. São Paulo: Martins Fontes, 2010.]

modo hipócrita de conciliar sempre e de qualquer jeito, ocultando a verdade, pode fazer explodir mais tarde conflitos ainda piores.

Quando se trata de nações, a situação é ainda mais complexa. Cada uma tem o dever de defender seu povo de possíveis agressões e do risco de extinção. É sempre mais evidente que as relações entre as nações exigem uma ordem internacional partilhada, indispensável para frear a cobiça e controlar a explosão de conflitos. Um perdão concedido de modo ingênuo, unilateral e sem sabedoria não faria mais que fomentar ulteriores guerras pela posse de bens, pelo poder, pelo domínio das comunicações.

Ad intra e *ad extra* das nações, não basta seguir as regras da justiça e do intercâmbio para a convivência, pois uma comunidade se administra se houver algo a mais do que a generosidade que lhe alimenta o espírito e o senso de pertença, uma espécie de "corrente quente" (com diz o filósofo Italo Mancini). Dessa corrente faz parte o perdão que, em sentido pleno, vai além da justiça e pertence a um tipo de economia espiritual que ultrapassa as leis de irreversibilidade do tempo e do equilíbrio de trocas.

É verdade que o perdão, em sentido pleno, excede muito as categorias políticas; ele pertence a uma or-

o dom do perdão | 31

dem – a ordem da caridade – que supera até mesmo a ordem da moralidade. O perdão está ligado à economia do dom, no qual a lógica da superabundância supera a lógica da reciprocidade... E porque supera a ordem da moralidade, a economia do dom pertence mais àquilo que se poderia chamar de "poética" da vida moral, tendo em conta, na palavra poética, o seu duplo sentido: de criatividade, no plano da dinâmica do agir; de musicalidade e rima, no plano da expressão verbal.[16]

O conceito de equivalência requer uma distribuição equitativa de recursos, aquela superabundância de que fala São Paulo: "Onde se multiplicou o pecado, a graça transbordou" (Rm 5,20).

Em outro lugar, Ricoeur liga a esperança do futuro ao amor, que se sobrepõe à ética, alimentado pelo perdão:

> Grande parte da ética se coloca em torno dessa dialética do amor e da justiça. Ora, é ao amor e não ao sentido da história que é preciso ligar a esperança. É na medida em que existe algo como uma dialética do amor e da justiça que se pode colocar a questão da esperança... Prossegue a questão de saber até que ponto o extraordinário do amor pode penetrar lentamente o ordinário da justiça... Espero que haja sempre poetas que falem poeticamente do amor; seres

---

[16] RICOEUR, P. Quale nuovo *ethos* per l'Europa. In: DANESE, A. (ed.). *Persona, comunità, instituzioni*. Firenze: ECP, 1994, pp. 102-103.

excepcionais que poeticamente lhe deem testemunho; mas também ouvidos comuns que o ouçam e busquem colocá-lo em prática.[17]

Diz Roberto Mancini: "O perdão cria futuro, porque é antecipação real e propulsora de um tempo liberado pela espiral da violência".[18]

Se se fala de dialética entre amor e justiça, é porque seria prejudicial tanto um excesso como outro: a gratuidade anularia a justiça e vice-versa. A caridade excede a justiça, mas não a substitui. Se isso acontecesse, teríamos numerosas injustiças, permitindo prosperar a opressão dos prepotentes sobre os fracos e perdoando os algozes cujas vítimas teriam razão de exigir a aplicação da justiça, sobretudo quando se considera a culpa "imperdoável", como é o caso do Holocausto, dos Gulags, de Hiroshima e Nagasaki, dos mais terríveis genocídios da história.[19]

---

[17] Ibid., pp. 15-16.

[18] MANCINI, R. *Esistenza e gratuità*. Antropologia della condivisione. Assisi: Cittadella, 1996. pp. 149-150. [Ed. bras.: *Existência e gratuidade*: antropologia da partilha. São Paulo: Paulinas, 2000.]. Cf. também MASTANTUONO, A. *La profezia straniera*, cit. p. 191.

[19] "Onde a culpa se multiplica, a graça transborda. Entretanto, o que São Paulo não acrescentou, onde a graça transborda, o mal transborda por competição, e submerge essa mesma abundância mediante um infinito e misterioso relançar" (JANKÉLÉVITCH, V. *Il perdono*, cit. p. 234). Opinião diferente é a de NEHER, A. (*L'esilio della parola*. Casale Monferrato: Marietti, 1983), professor em Straburgo, para o qual Auschwitz é, sim, silêncio de Deus, que sufoca a sua palavra, mas ao mesmo tempo, exatamente por causa daquela falha, nasce a esperança de uma nova criação (cf. MASTANTUONO, A. *La profezia straniera*, cit. p. 107).

Esse princípio vale – mas de modo diferente – para a vida em família, onde se aprende a considerar juntamente o perdão e a correção fraterna, num difícil e sábio equilíbrio. Como um Estado não tem a possibilidade de fazer o mesmo, dado que de sua perspectiva o perdão pareceria indulgência imperdoável, correndo o risco de "instaurar por mil anos um reino de carrascos",[20] a iniciativa pessoal permite restaurar os relacionamentos de base.

Dessa forma, refaz-se o núcleo do problema da difícil relação entre justiça e amor, direito e perdão. Ambos são necessários à vida de uma sociedade, mas a maneira como esses dois aspectos podem ser pensados e mantidos juntos permanece problemática. Como podem ser coessenciais, embora pareçam contraditórios? Como fazer para que um aspecto não sufoque o outro? Da mesma forma, em âmbito teológico, pode-se perguntar de que maneira o perdão da parábola do pai misericordioso concilia-se com o juízo universal, caracterizado pela lógica da justa retribuição e da relativa condenação. Somente em Deus esses dois aspectos podem conviver sem se anular. Pode acontecer também que uma pessoa saiba colocar-se sob esse ponto de vista numa

---

[20] JANKÉLÉVITCH, V. *Il perdono*, op. cit. p. 233; cf. também MASTANTUONO, A. *La profezia straniera*, cit. p. 108.

34 | o dom do perdão

situação complexa, como, por exemplo, a de um rei que deve aplicar uma pena exemplar contra uma pessoa querida, pela qual nutre sentimentos de cuidado (essa situação da alma é bem descrita por Simone Weil[21]).

Reportando-nos aos grandes relatos bíblicos, temos o episódio de Abraão e Isaac, ponto fundamental sobre o perdão, no qual Derrida se deteve a ponto de falar-se de uma sua "conversão". O que parece chocante nesse episódio é que a palavra "perdão", vinda do alto, tem aqui um precedente na ordem oposta de "dar a morte a quem se ama", neste caso, o filho Isaac. Existe nesse relato um ato de justiça que deve ser cumprido em relação a Deus, como uma compensação pelo mal recebido dos homens, o que exige uma vítima inocente, requisitada a um homem justo. Dar a vida por quem se ama, não obstante ser o artífice de sua morte, pode até parecer fácil. No momento decisivo em que Abraão está para realizar a ordem paradoxal de Deus, acontece o impossível: o próprio Deus, que deveria ser o credor, coloca-se no lugar do devedor e deixa que seu próprio Filho seja morto. Derrida conclui fazendo referência a Nietzsche, para quem o homem que perdoa assemelha-se a um

---

[21] Cf. BINGEMER, M. C.; DI NICOLA, G. P. *Simone Weil*. Azione e contemplazione. Cantalupa: Effatà Editrice, 2005. [Ed. bras.: *Simone Weil*: ação e contemplação. Bauru: EDUSC, 2005.]

cordeiro, porque não sabe fazer justiça por si mesmo, não sabe ser lobo:

> Na sua *Genealogia da moral*, Nietzsche define essa "transferência" como "um golpe de mestre do cristianismo": "É o próprio Deus que indeniza a si mesmo... o credor se oferece por seu devedor, por amor (quem acreditaria?), por amor ao seu devedor!". A incredulidade nietzschiana é, realmente, a prova mais evidente do "complexo crístico" do filósofo alemão, do seu antagonismo (intuíram-no claramente Benjamim, Gide, Battaile...).[22]

Perante essa insolúvel situação de perdão, a qual não encontra uma solução racional, persiste a tremenda responsabilidade de quem deve tomar decisões em diversos contextos, combinando justiça e amor.

Teatralidade ou sinal do Espírito?

João Paulo II deu um forte sinal de pedido de perdão, especialmente no final do milênio (cf. *Tertio Millennio Ineunte*, n. 33). Ele referiu-se especialmente aos "desvios do Evangelho" pelos quais a Igreja se tornou historicamente responsável: divisões entre as Igrejas (a esse

---

[22] CECCHETTI, M. Commento. In: DERRIDA, J. *Donare la morte*. Milano: Jaca Book, 1999.

propósito, Paulo VI já havia pedido perdão "por aquilo que somos responsáveis"), perseguição aos judeus, intolerância e violência no serviço à verdade (Inquisição, cruzadas, guerras entre religiões). Os casos de Galileu Galilei e Giordano Bruno são exemplos típicos de desvios por intolerância. Existem outros pedidos de perdão relativos aos maus-tratos dispensados aos índios, aos negros, às relações de conflito com o Islã, além de desvios por parte do clero ou de cristãos individualmente, incluindo as culpas de "não poucos homens de Igreja" em relação às mulheres.[23]

Não faltam as denúncias de contratestemunhos atuais: aquiescência às ditaduras, corresponsabilidade nos casos de injustiça, tolerâncias com o secularismo. Jamais um papa havia reconhecido a culpa e pedido perdão por comportamentos ainda atuais, como no caso do genocídio de Ruanda, em 1994. Calcula-se em uma centena os textos em que ele fala de passagens obscuras da história da Igreja, e mais de vinte aqueles em que ele pede perdão, sem medo de criar mal-estar na comunidade católica. Paralelamente, também há pedi-

---

[23] Para os pedidos de perdão, até 1997, cf. ACCATTOLI, L. *Quando il papa chiede perdono*. Tutti i *mea culpa* di Giovanni Paolo II. Milano: Mondadori, 1997. [Ed. bras.: *Quando o Papa pede perdão*. Todos os *mea culpa* de João Paulo II. 2. ed. São Paulo: Paulinas, 2002.] Para o pedido de perdão da Igreja às mulheres, cf. DANESE, A.; DI NICOLA, G. P. *Il papa scrive le donne rispondono*. Bologna: Dehoniane, 1996.

dos de perdão nas confissões protestantes, por exemplo, em relação ao nazismo e ao extermínio dos judeus.

Do ponto de vista "leigo", quanto às relações internacionais, um fato importante se deu com o Tribunal de Nuremberg, que atualizou o conceito jurídico de "crime contra a humanidade", elaborado pelas Nações Unidas, para inserir-se na memória coletiva. A comunidade internacional foi convidada a reconhecer o mal diante de um tribunal, em função de uma nova declaração dos direitos humanos. Hoje a expressão "crime contra a humanidade" é de uso frequente em consequência ao episódio "performativo". Liga-se a isso a necessidade de um juízo ético da história do nazismo, do terrorismo e de todo sofrimento infligido às vítimas da história.

Um passo a mais, de excelente valor simbólico em âmbito político, foi a criação da Comissão para a Verdade e a Reconciliação da África do Sul,[24] caso único, não obstante alguma analogia com a América do Sul (Chile). A denúncia contra o *apartheid* foi também fundamentada como crime contra a humanidade, mas é notável que na Comissão não se teve em vista a penalidade a ser infligida aos malfeitores, e sim a criação de

---

[24] A *Truth and Reconciliation Comission*, formada por 17 membros e presidida por Desmond Tutu, apresentou suas conclusões em 1998, depois de ter analisado 14 mil declarações e 7 mil pedidos de anistia.

um lugar em que o mal realizado pudesse ser contado, ouvido e meditado, de modo a estimular a conversão.

O mesmo vale para o episódio exemplar de relacionamento entre tchecos e alemães.[25] O diálogo entre os dois povos remonta às negociações do Tratado de Praga, de 1973. O pacto de Munique foi declarado nulo, mas o documento evitou que se falasse do passado traumático, o que ocorreu, ao invés, na Declaração conjunta tcheco-alemã, de 1996. Ambos os países procuraram avaliar o passado, proclamando um *mea culpa* sobre a ocupação nazista e sobre a expulsão dos alemães por parte dos sudetos. Com base no tratado, o Governo tcheco e o Governo alemão não agravaram as relações mútuas com exigências de ressarcimento após aquele passado traumático: nenhum ressarcimento de guerra foi pago pelos alemães aos tchecos pela sua expulsão. A relação oficial de uma Comissão Histórica de ambas as partes procurou avaliar os últimos cinquenta anos, especialmente o número de mortos durante a expulsão (cerca de vinte mil). Os bispos alemães e os bispos tchecos publicaram duas cartas sobre a reconciliação entre 1990 e 1995. Além disso, existe excelente documentação da Igreja reformada dos irmãos tchecos. Surgiu daí uma visão histórica menos parcial, com relevo especial

---

[25] Cf. RICOEUR, P. *La mémoire, l'histoire, l'oubli*, cit. pp. 67ss., 83 e 581-583.

o dom do perdão | 39

para a secular coabitação tcheco-germânica, com base na sabedoria bíblica do amor ao vizinho.

Recentemente, os gestos simbólicos multiplicaram-se na direção da confissão das culpas, dos pedidos e das concessões de perdão, confirmando assim a necessidade de considerar indispensável para a convivência social e política a virtude do perdão a ser pedido e concedido, numa relação dialética com as exigências da justiça. O tema esteve no auge, sobretudo, após o evento de 11 de setembro de 2001 e das duas guerras sucessivas, a ponto de falar-se de "uma globalização, uma teatralização da cena do perdão".[26] Ao analisar o retorno à religião, que posterga até mesmo o exame de consciência, Derrida denuncia a proliferação do "cenário" de arrependimento (usando expressões originais sobre a admissão de culpa e sobre perdão, como "irrefreável convulsão", "coação febril", "convulsão-conversão-confissão") que, no quadro geopolítico desde a última grande guerra, envolve hierarquias eclesiásticas, chefes de Estado, associações profissionais, num processo de internacionalização do perdão.

Ele denuncia um abuso do perdão, que o tornaria não confiável, induzindo à suspeita de que se trate de ardil, bajulação, ritualismo, fingimento ou ritual de expiação:

---

[26] DERRIDA, J. La colpa e il perdono nella civiltà globalizzata. In: *La Republica*, 6 set. 2004, pp. 1 e 14.

Eis o gênero humano que pretende, de improviso, curar-se pública e espetacularmente de todos os crimes que efetivamente cometeu contra si mesmo, "contra a humanidade".[27]

Entretanto, essa "espetacular colocação em cena" do arrependimento contém uma mensagem que valoriza o perdão. Não se trata de equivocar-se, confundindo o perdão com o teatro, com a captação instrumental do consenso ou com os similares distantes (manipulações ou evasivas corrompidas, como os atenuantes, a anistia, a prescrição, a moratória, o perdão econômico). A confusão atenuaria a irreversibilidade do perdão, fazendo-lhe perder seus traços distintivos. Seria, porém, necessário colher o aspecto positivo de tais mensagens, como faz Ricoeur:

> Há momentos privilegiados nos quais os gestos simbólicos obtêm um efeito. Penso no chanceler alemão W. Brandt, que presta homenagens aos mártires do gueto de Varsóvia. Um gesto simbólico dá coragem a quem luta pela reconciliação dos povos.[28]

Da mesma forma, Václav Havel, presidente da Tchecoslováquia e primeiro presidente da República Tcheca, que pede perdão aos alemães pelo comportamento de

---

[27] Le siècle et le pardon. Entretien avec Derrida. In: *Le Monde des Débats*, dez. 1999, pp. 10-14.

[28] Intervista a Paul Ricoeur. *Il Corriere della Sera*, 1º mar. 2003.

o dom do perdão | 41

seu povo contra os sudetos no período pós-guerra, e o rei Juan Carlos, que pede perdão aos judeus por terem sido expulsos da Espanha.

Tendo em conta as mencionadas suspeitas, parece-nos que os gestos simbólicos manifestam um desejo de reconciliação e também fazem o perdão sair do gueto das sacristias e dos sermões dominicais para fazer dele uma virtude social e politicamente indispensável.

É uma conquista da história da cultura a convicção de que é bom evitar a explosão dos conflitos e tentar reparar os males do passado, antes que explodam novas guerras. Depois de cada guerra, latente ou patente, é bom que grupos, povos ou pessoas vejam o passado do qual não podem livrar-se como um fardo da memória do qual podem se desvencilhar graças ao pedido de perdão e à eventual troca de pesares. De outra forma, o remorso torna-se um solilóquio.[29]

O multiplicar-se dos pedidos de perdão parece-nos um sinal do Espírito Santo, cujo nome é exatamente

---

[29] "Enquanto o homem sofre o remorso sem nada esperar e afundando-se passivamente no inferno dos seus lamentos inúteis e do seu confinamento autocompassivo, o perdão, estabelecendo uma relação entre a primeira e a segunda pessoa, abre uma brecha no muro da intimidade culpada e, sobretudo, quando o culpado tem má consciência, o perdão rompe a cerca do remorso, porque contém em si mesmo um ato libertador e planta os fundamentos de uma nova era... O perdão, se for verdade que é privado da esperança interesseira, não é todavia privado de alegria" (JANKÉLÉVITCH, V. *Il perdono*, cit. p. 216).

perdão, "remissão de todos os pecados", como nos diz a liturgia de Pentecostes.

Na contemporânea universalização da cena de perdão, constata-se o processo de aquisição de alguns valores cristãos por parte da sociedade, não obstante a temida (ou exaltada, conforme a perspectiva) descristianização. Em todo caso, trata-se de sinais fundamentados sobre o princípio da "solidariedade universal", os quais induzem à imitação e colocam o tema do perdão no circuito dos valores partilhados.[30]

---

[30] Cf. COMISSÃO TEOLÓGICA INTERNACIONAL. *Memoria e riconciliazione*: la Chiesa e le colpe del passato. Città del Vaticano: Libreria Editrice Vaticana, 2000, p. 51. [Ed. bras.: *Memória e reconciliação*: a Igreja e as culpas do passado. São Paulo: Loyola, 2000.] Cf. também VALADIER, P. Approches politiques du pardon. *Études*, 3926, p. 782, jun. 2000 "Não se podem reconhecer nesse trabalho de verdade e de pesquisa sobre reconciliação os primeiros elementos de um autêntico perdão, sem que esta palavra seja pronunciada?".

o dom do perdão

DAS BRIGAS CONJUGAIS AO PERDÃO

Os cônjuges: "brigamos, logo existimos"

Basta um mal-entendido para que um casal exploda numa briga que cresce como uma avalanche até atingir o buraco negro da não comunicação. Seria melhor prevenir tais mal-entendidos, mas é também verdade que, se o casal briga, continua a querer-se bem: se há uma forma destorcida de comunicação, não há indiferença. Se nos perguntamos quais são os casais que conseguem êxito na vida matrimonial e por quê, vamos nos dar conta de que não é o conflito que faz fracassar a promessa do casamento, mas a incapacidade de administrá-lo ou de negociar novas regras, reformulando os termos da aliança matrimonial sem transgredi-la.[1]

---

[1] Segundo John Gottman, que durante vinte e sete anos estudou sistematicamente milhares de casais de diferentes etnias e estratos sociais, o êxito de um casal depende essencialmente de *sete regras de ouro*: enriquecer o menu da ternura, cultivar a estima recíproca, aproximar-se na vida cotidiana (não basta a clássica cena do aniversário), deixar-se influenciar pelo parceiro (para o autor, esta é uma dificuldade tipicamente masculina), resolver os problemas solúveis, superar os bloqueios e caminhar na mesma direção (cf. GOTTMAN, J.; SILVER, N. Intelligenza emotiva per la coppia. Milano: Rizzoli, 1999 [Ed. bras.: *Sete princípios para o casamento dar certo*. Rio de Janeiro: Objetiva, 2000]; cf. também no site: <http/web.tiscali.it/relazionidicoppia/sette_regole_d'oro.htm>.

Quando se constata que a desavença já se instalou, é melhor parar e procurar compreender as reações do outro, antes de se jogar contra o "culpado", trocar acusações e continuar a prejudicar-se reciprocamente. Cabe a cada uma das partes reduzir os danos, evitar, pessoalmente e como casal, os sofrimentos inúteis, que podem tornar-se enormes, conforme os dias vão passando em silêncio, de cara fechada, com frieza e golpes mais ou menos baixos.

Para manter sob controle a "escalada" da cólera e transformá-la num confronto civilizado e construtivo, convém que as duas partes respeitem "regras" mínimas, estabelecidas nos momentos de serenidade, possivelmente antes do casamento, enquanto noivos, quando o dom do amor, para ser realmente estável, deve prever a promessa de perdão. Falou-se de "pacto degenerativo", voltado à defesa dos níveis de alta agressividade e da explosão geradora de emoções negativas; dever-se-ia falar também de "pacto regenerador", que chame a atenção sobre a possibilidade de recomeçar.

Podemos elencar em dois grupos as regras de conflito: negativas e positivas.

Negativas:[2]

+ não levantar a voz e muito menos a mão, para evitar reações em cadeia;

---

[2] O mesmo J. Gottman individualizou também *dez assassinos do amor*: dar por certo o conhecimento do companheiro, adivinhar, acusar, ignorar suas mensagens, dizer sim quando quer dizer não, usar o silêncio como arma, enfurecer-se, ameaçar, diminuir o companheiro, buscar alianças externas (cf. http://web.tiscali.it/relazionidicoppia).

- não atingir os pontos fracos do outro. Quando um dos cônjuges evidencia sobretudo ou apenas as fraquezas do outro, é inevitável que a comunicação se degenere;[3]

- não ameaçar, atemorizar ou intimidar o outro, atormentando-o inutilmente e afastando uma possível reconciliação;

- não pensar apressadamente que cabe ao outro mudar, sem ter antes refletido sobre como modificar o próprio modo de ser e de comunicar-se;[4]

- não usar linguagem vulgar;

- não presumir o conhecimento do outro, tirando conclusões apressadas e equivocadas sobre o seu comportamento;

- não ignorar as mensagens cifradas, mas fazer o possível para decifrar os significados e as nuances que subjazem num determinado comportamento;

- não pedir ajuda aos pais ou à família do outro;

---

[3] Cf. o site <http://www.grandeamore.it/teen/speciali/litigare.asp>.

[4] "Cada um de nós tende a omitir as próprias faltas, colocando em evidência as faltas alheias. Em um casal, um dos dois poderia pensar que a culpa de toda insatisfação possa ser atribuída somente ao outro e que uma melhora possa acontecer apenas se o outro mudar. Às vezes isso pode ser verdade, mas, com mais frequência, a vida conjugal melhora quando ambos contribuem para a resolução dos conflitos e dos problemas que surgem. A única pessoa que podemos realmente mudar é a nós mesmos. É difícil fazer os outros mudarem, mas é possível, em alguma medida, mudar o casal, mudando a si mesmo. Se você detesta ser ignorado, não ignore o outro; se não suporta ser ofendido, não ofenda. Em outras palavras, esforce-se por melhorar o seu relacionamento conjugal sem esperar que o outro tome a iniciativa" (http://grandeamore.it/teen/speciali/litigare.asp).

o dom do perdão

- não buscar alianças externas que possam reforçar a própria posição contra a da outra parte. A participação de pessoas de fora que tomam partido torna o conflito mais difícil de ser resolvido, reforça os ressentimentos do cônjuge, introduz elementos incontroláveis de ciúmes, anula toda tentativa de resolver o confronto;

- não enfatizar os comportamentos negativos do cônjuge, humilhando-o, diminuindo sua capacidade de recomeçar;

- não generalizar nem recorrer a estereótipos ("todos os homens...", "todas as mulheres...");

- não exagerar um desacordo até o ponto de fazer uma valorização geral e pessimista sobre o relacionamento em si, alimentando a desconfiança ("entre nós não há mais comunicação");

- não recorrer a ironias durante o confronto, irritando a outra parte com manifestações de desprezo e superficialidade;

- não ostentar desinteresse nem escuta passiva;

- não tomar ao pé da letra cada frase pronunciada nos momentos de raiva, para que as feridas não sejam mais profundas do que realmente denotam;

- evitar ficar remoendo a ofensa recebida, repetindo a si mesmo e aos amigos as frases ditas ou ouvidas nos momentos de raiva, que tornam mais difícil o recomeço;

- não pretender concordar em tudo;

- não fingir concordar com as ideias do outro quando não for o caso, escondendo assim a verdadeira opinião, aceitando coisas que de fato causam repugnância e terminam por gerar conflitos ainda mais graves;

- não se resignar a cumprir o seu papel de maneira exaustiva (deveres familiares, educação dos filhos, relações íntimas), calando e arrastando longamente as discussões, deixando acumular eventuais reprovações e tornando ainda mais insuportável o peso. Mais do que renunciar, ceder ou acomodar-se, é aconselhável apostar alto, escolher o momento oportuno e esclarecer os mal-entendidos com o cônjuge, com toda a sinceridade;

- não confundir o culpado com a culpa. Pode haver um juízo decisivamente negativo sobre o mal cometido, que, no entanto, pode não traduzir-se automaticamente na condenação de quem errou (aplicar a distinção entre o erro e quem errou).

Positivas:

- prevenir as brigas, construindo uma relação de confiança recíproca, ajudando o outro a superar os problemas, a crescer, a desenvolver suas potencialidades, com atenção a suas necessidades materiais, psicológicas e espirituais (favorecer a criatividade, a independência e as competências);

- procurar distinguir entre aquilo que é bom dizer logo e o que é melhor deixar para depois, quando falar e quando calar;

- reservar um tempo para conversar face a face e procurar expressar as insatisfações afetivas, comunicacionais, sexuais, intelectuais, espirituais, conforme o caso;[5]

- procurar ser cúmplice em tudo, exceto no mal, neutralizando assim as oposições e minimizando as diferenças. Uma relação abrangente, que envolve plenamente a pessoa, não pode excluir os aspectos culturais e espirituais;

- procurar compreender as razões do outro e as circunstâncias imediatas e remotas que o induziram a assumir determinado comportamento;

- procurar identificar-se empaticamente com os traços da personalidade, os hábitos e as ações que o outro julga serem negativos e pelos quais se sente culpado, de modo a ajudá-lo a perdoar-se;

- negociar previamente a distribuição dos gastos familiares, tendo em conta os recursos e os limites de cada um;

---

[5] J. Gottman propõe as seguintes *cinco horas mágicas* para a "manutenção" do casamento: 10 minutos para cumprimentarem-se pela manhã, 1 hora e 40 minutos para um bate-papo no fim do dia, 35 minutos de carinho, duas horas a sós por semana. E conclui: "Qualquer instante do dia dedicado à vida conjugal fará mais bem à saúde e à longevidade do que passar horas malhando na academia" (cf. http://www.duepiu.net/sito/coppia/red0022.asp).

- ser, ao mesmo tempo, sincero e diplomático, já que a verdade, dita na cara, ofende e é contraproducente, ao passo que a que é omitida falta à honestidade e predispõe a uma briga ainda maior;

- analisar a divisão de tempo para as tarefas (trabalho, cuidado pessoal, filhos, vida em comum) e procurar conciliar os ritmos de cada um;

- analisar as razões da intolerância no relacionamento, delimitando os problemas, explicitando-os, confrontando os diferentes pontos de vista. Quando se briga, é preciso concentrar-se sobre o problema que causou essa desavença com a atenção de um cirurgião, que deve saber exatamente onde cortar, em vez de elencar os milhares de defeitos da outra parte;[6]

- acolher as tentativas de aproximação e empenhar-se por elas, sempre que possível;

- aceitar os compromissos necessários em vista de um bom propósito, sabendo ceder a algum hábito, *hobby*, amizade... e solicitar ao outro que faça o mesmo, tanto quanto possível;

- adiar as discussões, quando se percebe que estas poderiam degenerar, esperando que passe o tempo necessário para atenuar as reações negativas e colo-

---

[6] Cf. ROCCHETTA, C. *Elogio del litigio di coppia*. Bologna: Dehoniana, 2004. Um trabalho interessante desenvolvido junto a casais em dificuldade é o realizado pela "Casa da Ternura" (www.casadellatenerezza.it), fundada pelo próprio Dom Carlo Rocchetta, em Perúgia.

car em evidência os aspectos positivos que estavam escondidos;

- tentar tomar distância da cólera, dispor-se a ouvir e multiplicar os esforços para encontrar uma mediação, a fim de que a comunicação continue e se chegue a um acordo. Às vezes basta simplesmente esperar que passe o tempo da falta de comunicação e cheio de ressentimento e resmungos;

- fazer pequenos gestos de solidariedade, de proximidade, apesar dos desacordos, a fim de reassegurar ao outro que, no fundo, permanecem em sintonia;

- reconhecer as próprias responsabilidades e os próprios erros;

- descobrir novos modos de estarem juntos, de serem fiéis, de manterem o relacionamento com as famílias de ambos, sabendo renegociar os termos do pacto conjugal nas diferentes fases da vida a dois;

- monitorar o estado de saúde pessoal e do cônjuge: também se pode brigar unicamente em virtude de um período de estresse, de mal-estar, de depressão; tratando-se dos próprios problemas físicos e psíquicos e também do outro, os problemas podem ser eficientemente enfrentados;

- pedir ajuda a pessoas ou casais mais velhos, verificando antes se estão em condição de dar contribuições positivas à solução do conflito ou se, ao contrário, podem piorar a situação. De fato, não basta o "diploma" (de psicólogo, neurologista, diretor espiritual, assistente social) para automaticamente garantir efeitos positivos;

- procurar ser e permanecer grandes amigos o maior tempo possível.[7] Ser atencioso nas pequenas coisas do cotidiano, dedicando tempo, ouvindo o outro;

- buscar dividir espaços comuns de relaxamento e diversão e não se esquecer de dar um beijo ou fazer um carinho – gestos pequenos, mas manifestações importantes que acabam sendo negligenciadas com o passar do tempo;[8]

- conduzir os desentendimentos de modo que não seja preciso jamais ter necessidade de "perdoar" o outro. Pode acontecer de os limites serem ultrapassados, de ofender ou sentir-se ofendido.[9] Nesse caso, estar disposto a retomar o caminho do perdão, fazendo desse itinerário um possível e constante ponto de referência da aliança matrimonial. Geralmente, há necessidade de convencer-se a perdoar: um cônjuge percebe que o ar está irrespirável e que é impossível viver em tais condições. Pode achar que estejam numa encruzilhada: partir ou recomeçar. A vontade de recomeçar, o investimento de confiança no côn-

---

[7] Cf. nosso livro *Amici a vita*. 5. ed. Cantalupa: Effatà, 2004.

[8] Cf. o site: <http://www.grandeamore.it/teen/speciali/litigare/litigare5.htm>.

[9] Cf. o site: <http://www.grandeamore.it/teen/speciali/litigare/litigare3.htm>.

juge e no projeto de vida comum são indispensáveis para superar tais momentos e evitar que a comunicação fique estagnada e se deteriore;

+ se forem crentes, renovem-se os laços com os canais da graça – oração, confissão sacramental, leitura da Palavra, Eucaristia –, reconhecendo a incapacidade de superarem, sozinhos, o bloqueio de certas situações atrofiadas pelo ódio.[10]

Quem ofende

Eis alguns dos sentimentos provocados em quem ofende ao outro:

+ O ofensor quase nunca pensa que o outro deveria ofender-se por uma palavra ou um gesto "tão inofensivo". E se enrijece na defesa de suas boas intenções, não se sente culpado e acha que não há motivo algum para ser perdoado. Vive uma espécie de torpor espiritual, que lhe impede de distinguir o mal do bem e de assumir a responsabilidade pelo que fez.

+ Recusa a explicação dos fatos que o outro lhe apresenta, sustenta que não ofendeu e não aceita ser mal

---

[10] A. Gouhier escreve: "No léxico dos conceitos filosóficos, o perdão é representado nos mesmos termos da graça, que remete a Deus" (*Pour une métaphysique du pardon*. Paris: EPI, 1969. p. 33).

interpretado pelo cônjuge. Em outras palavras, não está disposto a levar em consideração a opinião do outro.

+ Restitui ao outro as feridas que sofreu, das quais não consegue livrar-se e carrega consigo. Inconscientemente, procura alguém que o liberte do mal, que seja capaz de absorver a sua violência sem a devolver. Como se diz na Itália, alguém que seja capaz de "engolir amargo e cuspir doce".[11]

+ Não aceita o outro no seu modo de se comportar e pensar. Acha que é possível mudá-lo, antes, que sua missão como cônjuge inclui assumir esse ônus que cria inevitáveis mágoas.

+ Apresenta mil desculpas para o seu comportamento e tende a acusar o outro, considerando-o um provocador, responsável por tudo que acontece.

+ Se pede desculpas, em geral pretende uma reconciliação imediata ("Se me amasse, você me perdoaria sem fazer drama"), o que não é possível a quem foi ofendido.

+ Acredita que basta um ato de vontade para pôr tudo em ordem. Uma relação assim mantém-se em nível superficial, e não se compreendem as raízes profundas do mal-estar da vítima. Só a vontade não basta,

---

[11] Cf. SILONE, I. Il seme sotto la neve. In: *Romanzi e saggi*, I. Milano: Mondadori, 1998. pp. 515-1013, 521.

mas também não se pode subestimá-la, julgando-a incapaz de boas obras.

+ Pretende uma reconciliação sem humilhação. Mesmo que reconheça o erro, não pede perdão, para não cair num estado de dependência que poderia ferir sua dignidade ou fazê-lo sentir-se diminuído (pense na longa história dos cavalheiros que, se tivessem deixado impune uma afronta, seriam tachados de covardes e perderiam a estima da sociedade). Este é o extremo oposto do excesso de sentimento de culpa.

+ Teme que, ao pedir perdão, coloque o outro numa insuportável posição de superioridade. Não quer diminuir sua convicção de ser magnânimo e "bom cristão".

+ Não consegue perdoar a si mesmo, tem vergonha de suas ações e imperfeições; pode chegar até mesmo a odiar-se e, ainda assim, se sente impotente para mudar a situação. O sentimento de culpa pode ser de origem social (aquilo que as pessoas dizem e julgam) ou da própria consciência. Esse sentimento impede o ofensor de aceitar o seu lado obscuro, de curar a si mesmo do ponto de vista psicológico e moral. De fato, sente-se culpado de ter deixado as coisas irem adiante de modo errado, sem controle, sem paciência, sem esperança... A análise das culpas impede uma "reconciliação" plena e alegre.[12]

---

[12] Alguns psicólogos distinguem entre "perdão" e "reconciliação", dando a esta última o sentido comum de restabelecimento das relações, mas pela leitura per-

✦ Se quem ofendeu pede e obtém perdão, mas não olha adiante na tentativa de reconstruir a relação, pode facilmente cair na angústia e deixar-se agredir pelo sentimento de culpa que acreditava ter esquecido. Tais sentimentos continuam a agir, escondidos nos cantos obscuros da consciência, e podem produzir, sem que se dê conta, uma obra devastadora, do ponto de vista físico e psíquico.

Se um olhar de piedade da parte de uma pessoa estranha recai espontânea e prevalentemente sobre aquele que parece ser a vítima num conflito conjugal, um esforço de atenção acaba por reconhecer também no ofensor alguém que sofre, alguém sem autoestima ou maturidade afetiva, que não se conhece nem se ama por aquilo que é, nem vê em si mesmo um inimigo que precisa de perdão, a figura de um pobre, de alguém abandonado, que precisa ser consolado. Essa é a conclusão

---

cebe-se que se trata de operações terapêuticas análogas. Cf. WORTHINGTON JR., E. L.; DRINKARD, D. T. Promoting Reconciliation through Psichoeducational and therapeutic interventions. *Journal of Marital and Family Therapy*, 1 (2000), pp. 93-101. Os autores especificam também um percurso em seis etapas, compreendendo um quadro de referência para cada etapa (1. decidir-se reconciliar ou não; 2. criar uma atitude de ternura entre o casal; 3. promover o perdão; 4. inverter o negativo, evocando as belas lembranças da relação; 5. concordar com as inevitáveis quedas na reconstrução do sentimento de confiança; 6. agir ativamente na reconstrução do amor, partindo da comunicação partilhada também com o cônjuge). Para uma ótima síntese que ilustra a principal literatura psicológica sobre o perdão, cf. PALERAI, F. G. e REGALIA, G. O Il perdono nella letteratura psicológica. In: VV.AA. *Dono e perdono nelle relazioni familiari e sociali*, cit. pp. 186-218, com tabelas de resumos muito úteis e uma leitura interpretativa análoga à nossa. Em comparação ao aparato crítico do presente texto, faz referência a outras pesquisas.

de Carl Gustav Jung, em sua análise psicológica. Tal incapacidade revela a fragilidade do ofensor e pode torná-lo objeto de sentimentos de piedade e misericórdia.

Aquele que se sente ofendido

Quem se sente ofendido pode viver uma pluralidade de sentimentos contraditórios.

+ Pode reagir instintivamente, desafogando livremente a raiva e vingando-se, em busca de um consolo que na realidade dura pouco. Reações instintivas e agressivas provam que as feridas ainda estão abertas, que os problemas ainda não foram resolvidos. Agindo assim, o ofendido imita o agressor, procura prejudicá-lo; de certo modo, toma-o por modelo e lhe concede a vitória psicológica. Ao vingar-se, produz uma segunda ferida, aprofunda o próprio sofrimento e o dos outros ("Quem se vinga prepara dois túmulos", diz um provérbio oriental). O primeiro passo para o perdão é fugir à tentação da vingança. Em algumas situações, quando parece impossível conter a cólera, a melhor coisa é a fuga, pelo menos por um tempo. De maneira muito sábia, Manzoni põe na boca de padre Cristóforo, quando os noivos fogem, estas palavras: "[...] Renzo, você também deve, por enquanto, colocar-se a salvo da raiva dos outros e da sua".*

- Frequentemente, quem se sente humilhado, fica com raiva e tende a repetir o comportamento negativo não somente contra o ofensor, mas também contra os outros (por exemplo, os filhos, que pagam pelas culpas e mágoas dos pais), como um reflexo condicionado que nasce de uma natural autodefesa. Essa convicção é confirmada por autores de literatura filosófica e poética, entre os quais Ésquilo e Simone Weil. Num casal, uma simples brincadeira de mau gosto reabre a ferida de quem reage ofendendo.

- Quem se sente magoado, reage com mecanismos de defesa essencialmente emotivos, que buscam neutralizar a dor. Evita a companhia dos outros, que pensa saberem de sua humilhação, para não lhes dar motivo de chacota; sente-se exposto, sem proteção ou máscara, diante do julgamento das pessoas. Envergonha-se de ter sido ingênuo e caído na armadilha, não tem coragem de olhar o lado sombrio de si mesmo.

- Não se sente aceito, compreendido e amado por aquilo que ele é, e sofre por ver que o outro gosta-

---

* Referência à famosa obra *I promessi sposi*, de Alessandro Manzoni – um dos mais célebres romances históricos da Itália, que se passa durante o período de dominação espanhola. Os protagonistas são Renzo e Lucia, dois jovens que estão para se casar quando Don Rodrigo, o senhor da localidade, decide exercer seu poder de passar a primeira noite com a noiva, obrigando-os a procurar refúgio em conventos da região até que consigam encontrar uma solução. (N.E.)

o dom do perdão

ria que ele fosse diferente. Pensa que não conseguirá mudar e resigna-se com o rompimento dos laços afetivos e a perda da estima do outro.

- Quando a qualidade da relação é boa e a base confiança não foi atingida, o ofendido dá pequenos sinais ao cônjuge na intenção de que ele perceba, na certeza de que o outro entenderá, irá ao seu encontro, voltará atrás, possibilitando assim a retomada do caminho a dois.

- O ofendido, pela profundidade da dor e incapacidade de opor-lhe qualquer barreira, pode desejar fugir, partir para longe e passar a viver num ambiente diferente, com outras pessoas, cortando pela raiz a história precedente e deixando as contas em suspenso. É um desejo que não enfrenta nem resolve o caso. Fugindo, cada um leva consigo sua própria história. Pode acontecer de a reviver num pesadelo ou numa situação semelhante que pontualmente se apresente. A mudança de cenário exterior pode contribuir para um recomeço, mas não anula o passado nem modifica sua alma.

- A vítima frequentemente é cúmplice de seu algoz. Pode acontecer que, no casal, o ofendido creia ser merecedor do mal que recebeu e passe a acusar a si mesmo, a sua incapacidade, suas renúncias, sua cumplicidade, suas concessões indevidas. Um sentimento de insegurança e impotência assalta a pessoa e tira-lhe a dignidade necessária para uma verdadeira reconciliação.

+ O ofendido não aceita que o outro o acuse de ofender-se por coisa insignificante, de ser sensível e genioso. Não é fácil aceitar que a outra parte ache difícil a convivência. Quem tem uma sensibilidade aguda sofre por coisas que aos outros parecem de pouca importância. Cada um tem seus pontos fracos, que não podem ser atacados sem que uma reação de defesa seja desencadeada. Evidentemente, para um bom acordo conjugal, é preciso que o conhecimento recíproco permita a cada cônjuge saber qual é o limite que não se pode ultrapassar, para não causar sofrimento ao outro a ponto de desencadear reações incontroláveis.

+ Não é óbvio para quem se sente ofendido fazer de tudo para compreender o comportamento do cônjuge (quando tende a reiterar determinados comportamentos ou quando encontra desculpas e justificativas "um dia sim, o outro também"), enquadrando-o num percurso de vida que já o feriu psiquicamente, como efeito de uma desordem genética, de experiências negativas da infância, de alguma insuficiência da maturidade, de fracassos nos relacionamentos com outras pessoas. Compreender as mágoas do outro significa identificar-se, prestar atenção na história do outro e como ele a viveu. Um comportamento ofensivo pode conter um pedido implícito de ajuda,

o dom do perdão | 61

uma esperança de que o outro compreenda que determinadas formas de egoísmo, narcisismo, egocentrismo, infantilismo (estar sempre atrasado, ser desorganizado, agressivo, irascível, avarento...) têm origem em algumas mágoas incuráveis.

- O ofendido limita-se a atribuir unilateralmente a culpa ao outro, sem levar em conta o próprio comportamento, suas ações e eventuais omissões. Ao en fatizar as dores das próprias mágoas, deixa de ver as do outro.

- O ofendido pode recusar o pedido de perdão pelo fato de não acreditar num verdadeiro arrependimento, o que implica no outro o desejo sincero de não repetir a ação contestada e não voltar a ofender.

- O ofendido pode ainda pedir uma conversa esclarecedora ao ofensor. Às vezes, essa atitude surte bons frutos, mas é preciso aguardar o momento oportuno e verificar a disponibilidade do outro. Um colóquio face a face pode ser substituído por uma carta, em que se expliquem as razões do seu sofrimento. A carta não precisa ser enviada: é uma maneira de falar mentalmente a si mesmo, ao outro e, mais ou menos explicitamente, fazer um exame de consciência.

- É muito difícil sair sozinho de certas situações. A ideia de estar carregando todo o fardo do sofrimento ou de que talvez ninguém possa sentir determinado tipo de dor, a tentação de isolar-se, o fastio da compaixão (que geralmente parece uma formalidade), a abundância de conselhos inadequados, as frases banais dos moralistas ("Eu bem que tinha avisado você", "Você sabia que não era por aí") levam à convicção de que é impossível curar as mágoas sozinho, e podem também inspirar a ajuda de outrem e a ser mais solidário.

O ofendido tem necessidade de alguém que saiba escutá-lo e colocar-se em sintonia com a sua dor, que o ajude a sair do isolamento, partilhe do seu sofrimento, aceitando que de algum modo a humilhação do outro arranha sua própria serenidade. Quando o ofensor não faz parte do casal, quem melhor pode ajudar do que um dos cônjuges, que por princípio se empenha a tomar para si as dores do outro? Se, ao contrário, o ofensor é um dos cônjuges, é preciso encontrar a pessoa certa para uma verdadeira escuta, alguém que ofereça um reflexo não hostil, um olhar não deformante, imparcial, capaz de transmitir maior serenidade. Em todo caso, pelo próprio fato de ter falado objetivamente da própria dor, ela se atenua: toma-se distância, reconsideram-se as proporções do problema, talvez aumentadas pela sobrecarga das emoções. Como são necessárias três coordenadas para determinar nossa posição no globo terrestre, assim também são necessárias três pessoas (o ofendido, o ofensor e o ouvinte) para observar a própria história com mais objetividade.

Para além do litígio

A experiência demonstra que os conflitos não resolvidos levam à separação e ao divórcio. Quando superados, porém, revelam efeitos positivos inesperados (às vezes apenas retroativamente evidentes). Não é otimismo exagerado dizer que os conflitos resolvidos podem tornar-se ocasião especial de renovação e retomada de vida conjugal, interrompendo a desunião e reconstruindo as relações entre os cônjuges e entre o casal e Deus, numa continuidade surpreendente.

Eis alguns *efeitos positivos* que a experiência e a literatura apresentam:

+ *Respeito pelas diferenças.* Quando se está apaixonado, toda diferença parece fascinante. Nem sempre é fácil prever as possíveis consequências dos encontros e desencontros entre duas personalidades diferentes por educação e ambiente, por ideias culturais, políticas ou religiosas. Com frequência, considera-se que essas diferenças pouco influam na relação do casal e que com o passar do tempo e com amor seja possível mudar o outro. Mais tarde, porém, a rotina e o estresse, a necessidade de enfrentar problemas complexos e tomar decisões em comum reforçam os pontos de vista diferentes. O conflito leva a tomar consciência, a purificar o amor pelo outro tal como é, a considerar prudentemente o que pode ou não ser modificado e respeitar esses limites. Constata-se que o tempo não desgastou o amor, mas o purificou e fez emergir a verdade do relacionamento amoroso.

◆ *Estima pelo outro gênero.* Entre as diferenças, esta é a mais evidente, *misterium fascinans et tremendum* (mistério fascinante e incrível). Namoro e matrimônio têm origem exatamente na atração exercida pelas diferenças de gênero que, em outras circunstâncias, podem parecer um ônus, um obstáculo, um tormento insuportável (que ele continue a ser desorganizado ou perfeccionista, que ela se atenha a coisas de pouca importância ou seja petulante...).[13] Geralmente, os homens têm mais dificuldade de compreender a importância que as manifestações afetivas têm para as mulheres, não apenas na relação sexual. Ele vê sua casa como o lugar do repouso; ela, como o lugar do cuidado; ele acha que não vale a pena ater-se aos pequenos acontecimentos de cada dia e prefere ser requisitado a enfrentar junto somente as decisões importantes, enquanto para ela conversar com o marido é a principal razão da vida conjugal; ele relaxa refugiando-se no seu mundo (esporte, política, amigos...) e ela, confidenciando acontecimentos e emoções (a ele, às amigas, à mãe...). É

---

[13] Sobre a reciprocidade conflitante dos gêneros, além da literatura anotada, cf. VIGNA, C. La coppia umana e il dono di sé. In: VV.AA. *Dono e perdono nelle relazioni familiari e sociali*, op. cit. pp. 245-264, que vê a resolução do conflito de gêneros na possibilidade de "assumir uma relação reconhecida" (p. 258).

clássica a cena em que o marido volta do trabalho e quer largar-se na poltrona, ler o jornal, assistir à televisão, enquanto a mulher quer conversar (o desejo de comunicar-se é realmente "mais feminino"?). Cada um pode fazer sua parte a fim de conscientizar-se das diferenças e não deixar que elas se tornem intransponíveis.

+ *"À sua imagem."* A tentação de encapsular o outro não pode jamais ser considerada vencida ao longo da vida conjugal. Todo conflito a faz ser recordada. Cada um se dá conta de que o outro não é alguém "à sua imagem", mas "à imagem de Deus", que há uma distância ontológica que diz respeito não apenas a esta ou àquela opinião ou costume, mas é mais profunda, e não pode ser preenchida com conciliações superficiais. Na união dos dois cônjuges, há limites que requerem o respeito à distância e a contemplação das diferenças.

+ *Justiça, não só amor.* Algumas situações de "paz" familiar assentam-se apenas no costume envelhecido e estagnado de regras injustas de convivência, na prepotência de um sobre o outro e no correlato vitimismo, na aquiescência da tradição e na defesa de privilégios inaceitáveis (diferenças no encargo de cuidados domésticos, no tempo livre, na possibilidade de atualização e participação em eventos).[14] Em

---

[14] Tenha-se em conta os contextos socioculturais e históricos que, na maior parte das vezes, não ajudaram a construir relações de justiça. Outrora não se falava sobre o perdão nas relações conjugais; era pressuposto, dado que as virtudes

tais casos, cedo ou tarde o conflito explode, invertendo os papéis, indicando os desgastes da relação e exigindo que as regras de convivência sejam renegociadas segundo critérios mais justos.

◆ *A outra face da verdade.* O amor pode empobrecer se permanece apenas na dimensão romântica, num conjunto de comportamentos em parte espontâneos e em parte calcados ou recalcados sobre modelos midiáticos (palavrinhas doces, atenções excessivas, gestos e beijos em profusão...). A explosão do conflito revela, em tais casos, a face escondida da insatisfação, do descontentamento sufocado, das razões instrumentais que mantêm a afetuosidade. Chega o momento do desencanto, quando o diálogo se torna suspeito: "Fez o convite para o café só porque assim podia tomar também..."; "Comprou um casaco novo para mim porque queria comprar um carro novo..."; "Diz que caminhadas são importantes para a minha saúde para poder ir fazer compras no shopping..."; "Cuidou de mim só porque não suportava

---

prevalentes eram a obediência e a capacidade de suportar. Para as mulheres não foi fácil amadurecer uma dignidade própria, defender a exigência de ser respeitada, lutar pela justiça, conscientizar-se da igualdade em termos de dignidade com o homem, considerar dever o envolvimento do marido nas tarefas de cuidados (eram muitos deveres sobre as "costas" femininas!). Enquanto uma pergunta exigente se voltava para a mulher – com consequentes e pesados julgamentos sobre as mulheres fúteis e as prostitutas –, o homem foi indulgentemente preservado, fechando um olho às suas escapadelas, à violência, à dupla vida afetiva (esposa e amantes). É evidente que a mudança da dupla moral dos cônjuges para a igualdade resultou, e ainda resulta, em não poucos conflitos de redefinição da identidade e das relações.

o dom do perdão | 67

ficar em casa comigo doente". Conflitos desse tipo requerem uma análise dos pontos fracos das relações e devem levar a sua otimização.

- *Uma interpretação dupla dos acontecimentos.* Ao comunicar impressões, sentimentos e ideias, os cônjuges reinterpretam sua identidade, reformulam sua linguagem, recriam um mundo comum a partir dos dois pontos de vista que se entrecruzam e influenciam-se reciprocamente. Falando, cada um se confirma na sua identidade, que não é imutável, mas deve estar aberta, disponível à reconstrução da própria visão das coisas depois de ter ouvido as razões do outro, de modo que daí nasça algo de novo. Sobre a rigidez das posições, o conflito reacende a disponibilidade de mudança, provoca uma visão menos parcial, mais rica e adequada à realidade.

- *A solidão ontológica.* Os cônjuges são um dom um para o outro, mas não dependentes, porque cada um é uma pessoa mesmo sem o outro e tem sua autonomia fundamentada em Deus. Há fatos e responsabilidades enfrentados individualmente, sem poder apoiar-se em outros e sem desculpas para o próprio comportamento ("Eu abortei porque ele me pediu"). Essa solidão ontológica garante a fecundidade de uma relação que não é fusão na confusão, mas uma contínua contribuição de vida nova que cada um coloca pessoalmente na comunicação conjugal. O conflito recorda que um não depende do outro e que cada um tem em Deus o seu fundamento.

+ *A unicidade de casal.* Um casal também é um *unicum.* Não existem modelos universais a imitar, dado que os cônjuges são protagonistas do equilíbrio a construir a dois. Portanto, não é possível imitar um casal "modelo", nem repetir o passado: o trabalho do casal é criativo e jamais concluído no decurso da vida. O conflito lembra que os dois constituem uma unidade que somente em Deus pode encontrar seu modelo analógico.

+ *Um amor provado.* Um conflito põe à prova o amor, e por isso mesmo o fortalece, potencializa suas defesas, torna-o mais estável. Cada um toma consciência da importância que o outro tem em sua própria vida, em geral, a partir dos erros cometidos e do próprio conflito. Por isso, procura fazer o possível para evitar incompreensões e estuda o melhor modo de tornar o outro feliz (pensemos na valorização do erro no caso do aluno, que aprende errando, ou no método de Karl Popper, segundo o qual as experiências e a observação podem provar a falsidade de uma teoria[15]).

---

[15] Cf. POPPER, K. R. *Logica della scoperta scientifica.* Torino: Einaudi, 1970. pp. 20-25. [Ed. bras.: *A lógica da pesquisa científica.* 7. ed. São Paulo: Cultrix, 1998.]

+ *A vantagem da distância.* Não se podem descartar os bons resultados também decorrentes de uma separação. Pode acontecer de os dois se conhecerem melhor observando-se a distância, de sentirem-se interiormente mais livres um do outro, de serem mais sinceros na aquiescência e na recusa, de compreenderem melhor os respectivos limites e aprenderem a não exigir demais, a darem um ao outro não somente mais beijos e carícias, mas também um sutil sofrimento vivido de longe... Uma eventual nova relação é descartada logo de cara se o cônjuge não foi, de alguma forma, perdoado.

+ *"Senhor, a quem iremos?"* Para os que creem, Deus é "ciumento" e de vez em quando reclama o seu primado da alma, subtraindo-a às coisas e aos afetos, também os mais caros, levando-a ao "deserto", onde pode falar-lhe de "coração a coração" ("Levar-te-ei ao deserto e falarei ao teu coração" – Oseias 2). O conflito gera no casal o "deserto", ou seja, o vazio de interesses e afetos, como se tudo perdesse o sentido por causa da ausência do amor. Exatamente esse vazio torna a alma mais sensível ao convite de Deus, mais capaz de amá-lo "com todo o coração, com toda a alma".

O PERDÃO DIFÍCIL

O perdão após uma traição

É humanamente possível perdoar depois de uma traição?[1]

Na vida conjugal, o perdão por excelência em geral acontece após a ofensa máxima, que é o adultério. Suas consequências acabam estatisticamente cada vez mais em separação e divórcio.[2] Segundo a opinião comum, as traições hoje são mais numerosas do que antigamente, mas uma pesquisa demonstra o contrário (como confirma o Relatório Kinsey, de 1990), senão por outro motivo, justamente porque se pode recorrer à separação e ao divórcio. O que é novo, no entanto, é o fato de a mulher estar sempre mais facilmente implicada no caso. A Itália registra que, em média, a cada 100 casais,

---

[1] Cf. dossiê da revista *Alliance* (Paris), 99 (1995).

[2] Cf. estudo empírico de FINKEL, E. J.; RUSBULT, C. E.; KUMASHIRO, M.; HANNON, P. A. Dealing with Betrayal in close Relationships: Does Commitment Promote Forgiveness? *Journal of Personality and Social Psychology*, 6 (2002), pp. 956-974. Com base em três diferentes pesquisas, os autores sustentam a tese de que a traição provoca sentimentos contrários ao perdão, mas o esforço e a análise cognitiva das motivações podem conduzir a comportamentos alternativos que o favoreçam.

23,5 se separam e 12,3 se divorciam (fonte: Istat, 2004).[3] A maior parte das separações ocorre de modo consensual (85,5%), e a iniciativa da separação em geral parte da mulher (em 67,9% dos casos). As mulheres são hoje mais exigentes do que as de tempos atrás, e menos dispostas a se contentarem com uma medida medíocre de "felicidade" conjugal. Mas se a separação é feminina, o divórcio é masculino. Em geral, são os homens na faixa de 50 anos que requerem o divórcio.[*]

Perdoar uma traição, em princípio, parece ir contra a natureza, porque a ofensa recebida é muito grave; é um ultraje ser rejeitado e não desejado pela pessoa à qual se dedicou a própria vida, sentir-se um incômodo e constatar que o outro tem dificuldade de ser amoroso, torna-se frio, indiferente, impotente, atraído por uma pessoa considerada irresistível, mas que, para quem foi traído, parece medíocre, senão desprezível. Não são poucos os que, embora o queiram, não conseguem superar tal dificuldade.

---

[3] Cf. pesquisa do Istat, sobre *L'instabilità coniugale in Italia*: evoluzione e aspetti strutturali (1980-1999), Roma, 2001.

[*] No Brasil, desde 2010 não existe mais o requisito de prévia separação judicial por mais de um ano nem de comprovada separação de fato por mais de dois para a realização do divórcio. Segundo as Estatísticas do Registro Civil divulgadas em 2012 pelo Instituto Brasileiro de Geografia e Estatística (IBGE), a taxa geral de divórcio é de 25%. O número de casamentos é três vezes maior do que a quantidade de divórcios. Há mais divórcios entre casais com idades de 30 a 49 anos e o tempo médio entre a data do casamento e a da sentença de divórcio é de 15 anos. (N.E.)

Para entender a ferida causada por uma traição, é preciso ter em conta a profundidade do relacionamento. Se houve um compromisso firme e público de fidelidade, uma instituição e um sacramento, toda a vida é jogada sobre uma pessoa e, nesse caso, o fracasso a faz questionar o próprio sentido de sua existência. Em outros tipos de relacionamentos, mesmo que de longo prazo ("concubinato", união civil), nos quais há uma concordância implícita de não serem "por toda a vida", mas abertos a eventuais experiências, um possível abandono é contemplado, embora nem por isso seja menos doloroso.

Jack Dominian descreve três tipos de adultério, segundo a duração:[4]

+ *Aventuras de uma noite*: quando um cônjuge se ausenta por um breve período, em virtude de trabalho ou férias, sente-se sozinho, e o desejo de se aproximar de alguém o leva a "pular a cerca". O homem, em geral, se deixa levar pelo fascínio de um corpo bonito. Para a mulher, ao invés, pode prevalecer a necessidade de afeto, de ternura, como forma de compensar as dificuldades e talvez as insatisfações da rotina matrimonial. Ela pode conceder-se uma escapadela, esperando receber a atenção que lhe fal-

---

[4] Cf. DOMINIAN, J. *Fidelité et pardon*. Conference pour Equipes "Notre Dame", Santiago de Compostela.

ta e retomar a confiança em si mesma. Sobretudo se isso jamais aconteceu antes, a descoberta de uma aventura pode ser traumática, pela quebra da confiança e da segurança afetiva do cônjuge traído. Em geral, esse fato permanece episódico, provoca brigas, separação temporária, pedidos de perdão, mas não constitui uma verdadeira ameaça à estabilidade do casal. Depende muito de como o autor da traição vive depois, se valoriza a tal "pulada de cerca" ou se a vê como um motivo para reflexão, se reconhece o erro e se empenha em reconquistar o cônjuge.

+ *Relações que duram algumas semanas ou meses.* Em tais casos, a descoberta das relações extraconjugais, com as consequentes explosões do conflito, pode levar à separação. Às vezes, não obstante a ferida ser profunda, o cônjuge que sofre mantém a esperança de que se trate de um acontecimento fortuito e aguarda o momento em que o fato se revelará um engano e a reconciliação será possível. Se for assim, a relação foi abalada, mas não destruída, e os dois podem decidir o caminho do perdão e, finalmente, enfrentar o processo nada fácil de reconstrução do casamento.[5] Os dois valorizam profundamente a união conjugal e sentem-se dispostos a reformulá-la. Aquele que foi traído tem necessidade de sentir-se confirmado como digno de estima, e aquele que traiu, de sentir-se realmente acolhido com amor.

---

[5] Cf. DE BUTLER, A. La réconciliation en thérapie de couple. In: *Dialogues*, 2 (2000), pp. 97-105.

✦ *Laços duradouros.* Em tais casos, a ruptura do casamento é quase sempre inevitável. Além do prejuízo afetivo e psicológico, também entram em jogo outros fatores: uma mulher traída pode querer, e tem o dever, defender a si mesma e aos filhos, do ponto de vista patrimonial, temendo que o outro dilapide os recursos fora da família. O homem teme ser confrontado com uma gravidez e ser constrangido a criar um filho que não é seu.

Os casos de adultério efetivo não são os únicos a entrar na categoria de traição. Existe também a "traição em pensamento", quando se alimentam sentimentos de afeto por outra pessoa que, lentamente, vai tomando o lugar do cônjuge. O pensamento, que parece inofensivo porque a vida continua normalmente, pode subtrair a atenção daquele a quem se prometeu fidelidade e enfraquecer a união conjugal, e, ao mesmo tempo, supervaloriza o outro, objeto de fantasia e desejo, sobre o qual se concentram a atenção e os atos de gentileza.

A traição assinala o fim traumático da fase romântica. Há quem se vingue, quem feche as portas a uma possível reconciliação, quem se sujeite e busque justificativas ("Ele sempre foi assim"; "Todo mundo age assim"; "Os homens são caçadores, é fato"; "São as mulheres que provocam os homens"; "Existe um gene da infidelidade e não se pode fazer nada"; "Trair de vez em quando faz bem ao casal"). Quem se sente culpado pode tomar consciência da necessidade de rever o seu comportamento e o do outro, bem como a vida em comum; pode converter-se ou perverter-se. A perversão nasce da obstinação no mal ou da sede de vingança; a conversão nasce do consentimento ao amor e da graça de Deus.

O processo de revisão supõe a intenção de retomar o caminho do amor, quando se entende que o que se busca fora do matrimônio pode ser encontrado dentro dele, por outros caminhos, talvez mais difíceis, mas, em longo prazo, mais fecundos. Talvez aquilo que parece deslumbrante se revele tanto ou mais ilusório do que o casamento. Em alguns casos, é o tempo que muda os papéis e faz caírem as máscaras do amor extraconjugal. Outras vezes, um sentimento de culpa nasce da observação do olhar do outro, do seu semblante sofrido que evoca exigências morais e espirituais, a ponto de tornar-se insustentável. Ricoeur escreve:

> O semblante humano é o lugar da extrema vulnerabilidade, mas também, com a boca e com os olhos, o lugar de onde sai o eu. É o lugar da singularidade. Creio que o semblante seja o único ícone que nós temos de Deus. E esse semblante humano, semblante de Deus, é também o semblante da fraqueza, do não poder de Deus, e somente nesse sentido, do poder de Deus.[6]

---

[6] REVILLON, B. '900: l'ora del perdono, art. cit.

Quer a traição tenha sido mais ou menos consumada, mais ou menos duradoura, o cônjuge que se sente traído deve assimilar o luto do seu ideal de vida e decidir-se: salvar o seu casamento ou deixá-lo morrer. Ninguém pode subtrair-se à sua consciência, ainda que toda ajuda seja importante: a dos amigos, a de um sacerdote, a de um casal mais maduro. Em alguns casos é necessária a intervenção específica de um profissional especializado, que aplique determinada técnica psicológica, uma terapia indispensável para a cura.[7] Nem sempre, porém, quem se encontra nessa situação tem a humildade de reconhecer a necessidade de ajuda e de buscá-la. Cabe à consciência individual (que, quando se trata de uma pessoa de fé, deixa-se iluminar pela sabedoria da Igreja) encarar a situação e decidir se juntando os cacos é possível recomeçar.[8]

---

[7] Para opções terapêuticas cf. MURRAY, R. J. Forgiveness as a Therapeutic Option. In: *The Family Journal. Counseling and Therapy for Couples and Families*, 3 (2002), pp. 315-321. Com base em uma vasta literatura, o autor indica algumas fases do percurso terapêutico: 1) exame das defesas; 2) considerar o perdão como opção e o empenho de perdoar como possível; 3) o trabalho em si: a empatia, a compaixão, a aceitação da dor; 4) encontrar o significado, realizar a necessidade do perdão através de outros, descobrindo um novo modo de viver. Para cada fase há uma vasta literatura de referência. Cf. também DI BLASIO, E. A. Decision-based forgiveness treatment in cases of marital infidelity. In: *Psychoterapy*, 2 (2000), pp. 149-158.

[8] Cf. o método terapêutico do "ritual", aplicado ao processo de perdão conjugal: BARNETT, J. K.; YOUNGBERG, C. Forgiveness as a Ritual in Couples Therapy. In: *The Family Journal: Counseling and Therapy for Couples and Families*, 1 (2004) pp. 14-20.

Por vezes, a decisão requer um puro ato de vontade que se impõe sobre os sentimentos de ódio, mas que depois necessita de longo tempo de recuperação da própria integridade psicológica e da confiança no outro. Ou talvez nasça da convicção de que o matrimônio, embora prejudicado, mereça ser preservado, como se faz com um objeto valioso, que, se quebrado, é consertado e preferido a um novo.

Há quem prefira abandonar o cônjuge que traiu, porque não consegue superar a experiência ruim e se declara incapaz de recomeçar. Por vezes, essa decisão de virar a página pretende apagar o passado da memória, o que é impossível, e com frequência, causa novas desilusões.

Enfim, acontece que, passada a tempestade, permanecendo firme, dobrando-se sem se quebrar, é possível recolher os frutos do amor fiel: uma inesperada valorização do cônjuge, seu arrependimento sincero, o reconhecimento da importância da escolha feita na juventude.

> Enquanto um dos cônjuges permanecer fiel pelos dois, deixa-se ao outro a possibilidade de retornar... O perdão de um dos dois salva a comunhão de ambos e a torna possível... Pode acontecer que, aquele que se afastou, arrisque por si mesmo a possibili-

dade de retornar, talvez criando novos deveres com uma nova união; e quem permaneceu continuará, sem por isso deixar de ser realista, a viver essa ausência na espera: o olhar do esposo misericordioso vai além do mundo das ofensas, dirige-se a um mundo mais real daquele que se vê. Um perdão desse tipo não pertence mais à lógica humana. É a negação da solidão causada pela ofensa. Existe uma afinidade entre a ofensa sofrida por um dos cônjuges... e a ofensa sofrida por Jesus. De fato, como Jesus não foi reconhecido na sua identidade profunda, mas identificado como pecador e como demônio, do mesmo modo, a grave ofensa do cônjuge infiel consiste no fato de que, quem é traído, deixa de ser reconhecido por aquilo que é: o esposo, a esposa; essa grave injúria à sua identidade o torna semelhante a Jesus, que foi traído e ignorado.[9]

Na sociedade contemporânea, é importante empenhar-se para prevenir as traições, mediante a educação ao amor e à fidelidade – que é muito mais do que ter uma relação estável com o cônjuge, que por sua vez é muito mais do que excluir relações sexuais com os outros. Trata-se de assumir o empenho de "honrar" o outro todos os dias da vida (como os noivos prometeram-se

---

[9] LAFITTE, J. *L'offense désarmée*. Essai sur le pardon chrétien. Louvain-La--Neuve: Éditions du Moustier, 1991, pp. 117-119.

diante do altar). Implica a disposição de cortar pela raiz as ilusões de paraísos alternativos, e interromper, ainda que à custa de sacrifício, as amizades duvidosas, os pensamentos que subtraem aquilo que é devido a quem se prometeu fidelidade.

Quando se tem a convicção de que vale a pena salvar um casamento, não se fica procurando um sistema alternativo; o empenho se concentra muito mais em potencializar as condições favoráveis à estabilidade: educar-se para a paciência, procurar que a tenacidade e o amor não sucumbam à tentação de rompimento. Quem perdoa faz um investimento de confiança no outro. É como se lhe dissesse: "Você vale mais do que seus atos e tem capacidade de agir de forma diferente. Acredito que você possa demonstrar isso e que não se esgotaram suas possibilidades". Dessa forma, confia na capacidade da pessoa, dá crédito, sustenta e dá força às suas boas intenções. Se os dois cônjuges tiverem essa disposição, é possível reproduzir no interior da vida matrimonial aquilo que se procurou fora dela.

Não se pode pretender ser perdoado. Ao dar um passo rumo à reconciliação arrisca-se a que o outro a negue, ao menos de início. Por vezes é preciso esperar uma vida inteira até que o coração do outro reencontre a paz. A história demonstra que é possível perdoar depois de uma traição, e que um casamento pode resistir mesmo após um trauma desse tipo, mas o relacionamento não será o mesmo. Tudo deve ser reconstruído sobre as cinzas do enamoramento, mas nem por isso será necessariamente um relacionamento insatisfatório e mal resolvido. Pode até mesmo surgir uma ligação menos superficial, mais terna e confiante, mais vigorosa pela experiência vivida.

Poderíamos perguntar quem e quantos são os que realmente perdoam.

O perdão entre os esposos completa o seu processo quando, após uma mudança geralmente lenta e tortuosa, o gelo se desfaz, o instinto de represália desaparece, renasce a estima e o desejo de um pelo outro. É preciso fazer, com um esforço de imaginação, tudo que for possível para tocar o coração da pessoa ofendida, remover os sentimentos de hostilidade, até que as feridas cicatrizem e a pessoa seja capaz de amar novamente. No caminho da reconciliação pode ocorrer um progresso diferenciado: um dos dois pode necessitar de mais tempo, e isso obriga o outro a ajudá-lo e aceitar pacientemente o seu ritmo. A arte de amar consiste justamente em levar em conta o limite do outro, o tempo que lhe é necessário para curar as feridas, para responder ao amor e restabelecer a reciprocidade dos sentimentos. O amor recíproco requer, de fato, um acordo entre as partes e, portanto, não se contenta com um perdão

o dom do perdão | 81

unidirecional, mas busca todos os caminhos possíveis para sanar as diferenças.[10] São Paulo exorta explicitamente: "Perdoai-vos uns aos outros" (Cl 3,13); e Chiara Lubich, num comentário já citado, escreve: "O amor recíproco exige uma espécie de pacto entre nós: estarmos sempre dispostos a perdoar-nos *um ao outro*".

Embora respeitemos a consciência de quem se decide pela separação ou pelo divórcio, apraz-nos dar o justo reconhecimento às pessoas que, mesmo com esforço, levadas pela esperança, conseguiram não naufragar. Ao resistir, venceram o mal e, ao perdoar, obtiveram a paz para si mesmas, salvaram o casamento e o cuidado dos filhos, introduziram um fluxo de gratuidade na relação do casal, na família e na sociedade. Como escreve João Paulo II:

> É preciso reconhecer o valor do testemunho daqueles esposos que foram abandonados pelo cônjuge e que, graças à sua fé e à sua esperança cristã, não formaram uma nova união: estes dão um autêntico testemunho de fidelidade, da qual o mundo de hoje tanto necessita.[11]

---

[10] A comunicação do amor comporta, segundo Gary D. Chapman, cinco linguagens específicas: a) usar palavras de amor e de encorajamento; b) empenhar-se em atos de aproximação e de contato físico; c) passar um tempo qualitativamente agradável com o companheiro; d) fazer gestos amorosos; e) dar presentes com amor. Cf. CHAPMAN, G. D. *The Five Love Languages*: How to express heartfelt commitment to your mate. Chicago: Northfield, 1995. [Ed. bras.: *As cinco linguagens do amor*: como expressar um compromisso de amor a seu cônjuge. São Paulo: Nexo, 1997.] Tais linguagens são utilizadas como terapia no sexto quadro já apresentado por WORTHINGTON JR., E. L.; DRINKARD, D. T. *Promoting reconciliation through psychoeducational and therapeutic interventions*, cit. p. 99.

[11] JOÃO PAULO II. Exortação apostólica *Familiaris consortio*, n. 20.

"Belo e possível"

O paradoxo do perdão é que, de um lado, é algo absolutamente gratuito e assim deve permanecer, não pode ser imposto, é fruto da graça divina; de outro, é uma necessidade da pessoa e da sociedade. Entre esses dois extremos de tensão, cada um deve distinguir qual a solução mais apropriada.

Quem perdoa passa por um processo de mudança do eu que exige a capacidade de tomar um tempo para si, analisar-se e verificar até que ponto elaborou o seu luto, se a ferida está curada. Pode-se fazer esta verificação, perguntando a si mesmo:[12]

+ Superei o passado?
+ Sinto-me livre das emoções negativas?
+ Dissolveram-se os bloqueios sentimentais que impediam uma relação afetiva?
+ Foi reavivada a confiança na humanidade?
+ Restabeleceu-se o equilíbrio psicológico?

Quanto à relação com o outro, pode-se perguntar:

+ Ao encontrar essa pessoa, sinto ainda vontade de vingar-me?

---

[12] Sobre esse aspecto, cf. CAVALIERE, R. *Perdonare*. Istruzioni di uso. 3. ed. Roma: Città Nuova, 2004. p. 10.

- Ainda sinto raiva e o desejo de que a vida castigue essa pessoa que me ofendeu?

- Quando a encontro, fujo e não a cumprimento?

- Consigo alegrar-me pelos julgamentos positivos que eventualmente os outros fazem sobre ele/ela?

- Reconheço eventuais falhas ou mal-estar provocados no outro por meu comportamento?

- Posso dizer que já ultrapassei a fase de "lembrar-me de esquecer", ou seja, não fico mais ruminando o mal sofrido?[13]

- Quando se apresenta uma ocasião, sinto-me em condição de fazer-lhe o bem e não o mal?

- Sendo uma pessoa de fé, rezo para que o outro, ao meu lado ou não, seja feliz e realize-se plenamente como ser humano?

É lícito duvidar se estamos em condições de perdoar de verdade ou – o que dá no mesmo – se estamos em condições de doar sem pedir nada em troca. A reflexão sobre o mistério do perdão é exatamente a mesma sobre o dom. É preciso reconhecer que por vezes se fala

---

[13] Pense-se no apólogo de Anthony de Mello: "Quando o mestre, ainda criança, ia à escola, um colega de classe o tratava sempre com crueldade. Agora, envelhecido e arrependido, ele foi ao mosteiro, onde foi recebido de braços abertos. Um dia, levantou a questão de sua crueldade, mas o mestre parecia não se lembrar. O visitante perguntou: 'Mas não se lembra?'. E o mestre: 'Lembro-me claramente de ter esquecido!'. Assim, os dois se abraçaram numa risada inocente". (PASCAL, I. *È possibile perdonare?* Milano: Àncora, 1997. p. 5). Cf. CECCHETTI, M. Commento. In: DERRIDA, J. *Donare la morte*, cit.

superficialmente, ou em tom homilético, sobre realidades que são muito mais exigentes e complexas. Por exemplo, a respeito da "vida como dom" e dos pais como aqueles que "dão a vida", nota-se uma retórica que presume uma série de passagens que não ocorrem de fato. Presume-se que a vida seja percebida realmente como dom e que assim permanecerá ao longo dos dias, até a morte. Mas viver nem sempre é um dom e, sobretudo, não o é para todos; há pessoas que, no seu sofrimento, desejam ardentemente a morte e esperam por esse momento como uma libertação. A certeza da vida como dom consiste, antes, na perspectiva de longo alcance da fé, que prolonga a vida para além da morte e assegura uma felicidade eterna, que na terra é apenas perceptível. Quando se afirma que a vida é um dom, sublinha-se que ninguém pode dá-la por si mesmo; mas seria igualmente ingênuo pensar que os pais tenham realmente intenção de dá-la ou que vivam sua paternidade com verdadeiro altruísmo. As coisas são mais complexas do que as cômodas simplificações. Certamente não se pode dizer que um filho nasce apenas da união de um óvulo com um espermatozoide, mas também é certo que os pais não geram apenas pelo desejo de dar a vida (as boas intenções são menos importantes do que o prestígio social, a necessidade de afirmação da própria fecundidade, de ter um arrimo na velhice, de ter alguém que assegure a descendência, herdeiros para o patrimônio...).

o dom do perdão | 85

Para aumentar a desilusão: quem doa a vida não doa ao mesmo tempo a morte, visto que esse é o fim do processo natural iniciado após o nascimento? Também a Virgem Maria, ao dar sua carne ao Filho, não lhe deu também a "condenação à morte"? A ressurreição dos corpos é exatamente fruto do resgate de um Deus que triunfa sobre a morte da carne.

Ao contrário, quanto à retórica do dom, há a lógica da pura troca. Em *Saggio sul dono* [Ensaio sobre o dom], Marcel Mauss prefere falar de "economia da troca",[14] levando em conta o fato de que o dom termina certamente por suscitar um retorno (que os filhos crescidos serão uma riqueza, que os pobres ajudados entrarão no sistema do consumo e restituirão os benefícios...).[15] Entretanto, quando se fala de "perdão", quer-se sair dessa lógica de troca, mesmo que seja para diferenciá-lo, para adentrar na lógica das antinomias, das coisas lindas e impossíveis. Por um lado, perdoar um mal recebido parece de fato impossível para um ser humano; por outro,

---

[14] Cf. MAUSS, M. Saggio sul dono. Forma e motivo dello scambio nelle società arcaiche. In: Id., *Teoria generale della magia e altri saggi*. Torino: Bollati Boringhieri, 1965. pp. 153-292.

[15] Para a reconstrução da cultura do dom, do ponto de vista sociológico, cf. DONATTI, P. Il dono in famiglia e nelle altre sfere sociali. In: VV.AA. *Dono e perdono nelle relazioni familiari e sociali*, cit., pp. 55-102. O autor afirma que o dom, "depois de ter sido posto à margem da sociedade na época moderna e nos contextos de modernização, emerge sempre mais como elemento indispensável da ação social generalizada" (p. 55). Sobre a cultura do dom na economia capitalista, cf. FELICE, F. *Prospettiva "neocon"*. Cosenza: Rubbettino, 2005. pp. 191-194.

exatamente ao perdoar é que a pessoa parece readquirir sua dignidade e sua vocação capaz de transcender a pura naturalidade.

Não seria necessário cair na negação da possibilidade do perdão, sob o pretexto do "mal radical" de crimes imperdoáveis (cf. V. Jankélévitch, H. Arendt), nem adotar a perspectiva purista de Derrida, que teme toda contaminação, afirmando que um dom-perdão, pelo próprio fato de assim parecer e de suscitar gratidão, desencadeia um circuito de restituição que anula todo altruísmo. Sob esse ponto de vista, o dom e o perdão deveriam permanecer ocultos até mesmo ao próprio ator, pois aos puristas parecem quase sempre contaminados pela lógica da troca:

> Toda vez que o perdão está a serviço de uma finalidade, mesmo que seja nobre e espiritual (resgate ou redenção, reconciliação, salvação), toda vez que procura restabelecer uma normalidade (social, nacional, política, psicológica)... o perdão não é puro.[16]

Somente o silêncio em torno desse evento garantiria que o perdão não é fruto de algum interesse, assim como que o pedido de perdão não contém nenhuma desmistificação da gratuidade, da discrição silenciosa e,

---

[16] Le Siècle et le pardon. Entretien avec J. Derrida. In: *Le Monde de Débats*, cit. p. 10.

em certo sentido invisível, que o caracterize. Por isso, Derrida sustenta:

> O perdão deve ser silencioso, invisível, discreto. Deve evitar a linguagem e a fenomenologia e não deve nem mesmo ter um sentido. Se tivesse um sentido, poderíamos compreender como se orienta e como aparece a uma consciência. Mas tanto o dom como o perdão, a partir do momento em que existem, desaparecem. Temos, pois, uma mesma experiência... a um só tempo uma possibilidade e uma impossibilidade.[17]

A interpretação de Derrida não é destruidora, como a de Jankélévitch, mas também é corrosiva. Leva a uma dificuldade lógica: de um lado, o perdão corresponde a um desejo, a um ideal que cada um traz dentro de si e que induz tanto a perdoar como a doar; de outro, a "impossível verdade de um impossível dom", ou seja, a constatação da impossibilidade de realizar essa aspiração.

As reflexões desses filósofos convidam-nos a aprofundar o espírito do perdão, alçando-nos acima de suas falsificações espetaculares, mercantis, paternalistas e costumeiras (continua-se a doar, a agradecer, a perdoar, mesmo sabendo que tudo isso é impossível). Entretanto, existe algo de imponderável no perdão, que continua a interrogar e que convida a ir além da impossibilidade.

---

[17] Ibid.

o dom do perdão

Quem deve pedir e conceder o perdão é frequentemente vítima da armadilha racionalista e se sente interiormente bloqueado em dar esse passo. O remorso, o arrependimento, a saudade, vão sendo ruminados, impedindo a superação do passado e o gesto decisivo. O ofensor é vítima de sua recusa de pedir perdão e pode manifestar sintomas de doenças psicofísicas destrutivas. Outras vezes ele não consegue acreditar na possibilidade de perdão e, por isso, não se permite pedi-lo: prefere evitar um perdão não concedido, que o magoaria demais. Pode ainda pensar sinceramente que aquilo que fez não pode ser desfeito, que o mal cometido não pode ser reparado porque de algum modo violou a própria vida em si. Sente-se, então, impotente para reinventar o passado e duvida que outro possa fazê-lo, o que, do ponto de vista humano, tem coerência, mas não leva em conta a imponderabilidade que o perdão comporta. Pode acontecer, também, que a pessoa ofendida, para não oferecer diretamente o perdão e não humilhar demais o outro, não espere o pedido de perdão, mas o antecipe, concedendo-o de modo inteiramente imprevisto e gratuito.

Outras vezes, uma das partes, ou as duas, escreve secretamente uma carta sem a entregar e assim subtrai o ato de perdão da sua manifestação exterior e da possível gratidão de quem o recebe. Acima de tudo, escreve na solidão de seu próprio quarto e exprime uma dimensão poética que a exclui da análise do fato em si e se coloca em nível da comunicação coração a coração. Provavelmente, essa carta jamais será lida e isso garante uma maior liberdade e verdade. Ao mesmo tempo, porém, a carta está ali, como um sinal de alguma coisa que fica gravada na carta, independentemente de quem a escreveu e de quem deveria recebê-la. É como um "terceiro" entre os dois, uma realidade objetiva, uma marca do próprio perdão. O pedido de perdão a um terceiro (e, em geral, de toda relação interpessoal) repropõe aquilo que, em outro âmbito, aparece como a necessidade do "mediador" para garantir a paz entre as nações. Escreve Bobbio:

> Dizem que "duas pessoas apenas não fazem uma sociedade". Seria o caso de considerar este outro ditado: "Duas pessoas apenas não estabelecem um acordo duradouro".[18]

Também no perdão, portanto, é necessário que haja um terceiro, como em toda verdadeira paz (Derrida es-

---

[18] A frase segue a constatação: "Todo conflito termina ou com a vitória de um dos dois rivais ou com a intervenção de um terceiro em cima, no meio ou contra os dois rivais. Em outras palavras, se um conflito deve ser resolvido pela força, um dos dois deve ser eliminado; se deve ser resolvido pacificamente, convém que surja um mediador, ao qual as partes se confiam ou se curvam" (BOBBIO, N. *Il terzo assente*. Torino: Sonda, 1990. p. 217).

creve: "É necessário que haja mais de duas pessoas para que haja o perdão, o dom, a acolhida"[19]).

Um dom verdadeiro e um perdão verdadeiro têm a ver com o mistério de Deus. O tema do perdão permite falar de Deus mesmo sem o nomear e do homem sem cair em definições claras e distintas, deixando à pessoa a responsabilidade e a liberdade de pregustar o sabor de uma luz que ultrapassa o humano, mas que não pode ser colhida como presença definida sem que esta desapareça. Assim como nas fábulas, se a menina acende a luz para ver o príncipe, ele desaparece. Existe algo no perdão que encerra um aspecto de gratuidade absoluta, de liberdade incondicional, que o faz parecer sobre-humano e evoca a pureza da graça de Deus. Disse Ingmar Bergman:

> Quando duas pessoas se encontram e uma delas diz: "Perdoa-me!", Deus está presente, Deus está naquela frase, naquele momento, naquela permuta, e não em outro lugar, porque este fato é mais importante que todos os anjos e todas as trombetas do paraíso.[20]

O perdão recusado

Diante das dificuldades inerentes ao perdão, é preciso avaliar os efeitos negativos do perdão recusado

---

[19] Cf. DERRIDA, J. *Perdonare*. Milano, R. Cortina, 2004. Trata-se de uma resposta a outro texto sobre o mesmo tema de JANKÉLÉVITCH, V. *Perdonare?* Firenze: Giuntina, 1987. Sobre esse tema, cf. o nosso *Amici a vita*, cit.

[20] Cf. PASCAL, I. *È possibile perdonare?*, cit. p. 216.

para perceber que, apesar de tudo, ele é um bem para a pessoa.[21]

Efeitos sobre a pessoa:

+ É sabido que muitas doenças psicossomáticas estão ligadas à saúde mental. Ainda que a psicossomática seja uma ciência ainda nova, ela já detectou os efeitos negativos do perdão recusado. Sem cair no exagero na relação de interdependência alma-corpo, pode-se afirmar que as células que enlouquecem registram um estado psíquico não resolvido. O corpo tem uma linguagem própria, que exprime o sofrimento que a alma não sabe exprimir.

+ Do ponto de vista afetivo, a tristeza, a insatisfação, a incapacidade de alegrar-se, são consequências de um perdão recusado. É o que afirma claramente Nelly Astelli-Hidalgo: "Na maioria dos casos, nas origens de uma ferida há um problema de perdão".[22] E Jesus Bouchhold confirma: "A ofensa gruda em nossa memória como um tique: nutre-se do nosso sangue e das nossas energias, impede-nos de esquecer e infecta a nossa ferida de ódio e rancor".[23]

---

[21] Sobre esse aspecto, Ide Pascal escreveu páginas significativas, do qual transcrevemos e integramos alguns tópicos principais (PASCAL, I. *È possibile perdonare?*, cit. p. 216).

[22] ASTELLI-HIDALGO, N.; SMETS, A. *Sauver ce qui était perdu*. La guérison intérieure. Paris/Fribourg: Saint Paul, 1986. p. 30. [Ed. bras.: *Salvar o que estava perdido*: a cura interior. São Paulo: Ave Maria, 2001.]

[23] BOUCHHOLD, J. *Le pardon et l'oubli*. Méry-sur-Vise: Sartor, 1989, pp. 1-2.

◆ Uma consequência posterior à negação do perdão é uma alteração da determinação, que se enfraquece e se estende sobre o passado, leva à perda do vigor da iniciativa, do gosto do recomeço, da capacidade de amar: a pessoa "murcha". Paralelamente, do ponto de vista espiritual, a incapacidade de perdoar é entendida por São Paulo como uma forma de entristecer o Espírito Santo: "Não entristeçais o Espírito Santo de Deus, com o qual fostes marcados, como por um sinal, para o dia da redenção. Desapareça do meio de vós todo amargor e exaltação, toda ira e gritaria, ultrajes e toda espécie de maldade. Pelo contrário, sede bondosos e compassivos, uns para com os outros, perdoando-vos mutuamente, como Deus vos perdoou em Cristo. Sede, pois imitadores de Deus como filhos queridos. Vivei no amor, como Cristo também nos amou e se entregou a Deus por nós como oferenda e sacrifício de suave odor" (Ef 4,30-5,2).

◆ Outra alteração paralela ao vigor diz respeito à inteligência, que racionaliza o próprio ressentimento e não consegue ver e pensar com objetividade as situações reais, pois o ser humano tem necessidade de evitar a esquizofrenia. Quem nutre sentimentos de rancor acaba por organizar os pensamentos ao redor daquilo que sente e que vive como elemento fundamental de sua vida. O resultado é uma perspectiva corrompida pela parcialidade da raiva. Passa-se a olhar o outro de modo distorcido, por ficar remoendo continuamente o mal cometido.

+ Ao mesmo tempo, do ponto de vista moral, a pessoa cria para si novas regras à sua medida, buscando justificar seu comportamento. O mal e o bem são redesenhados em função da própria reação à ofensa ("É preciso que a justiça seja assegurada", "Vai fazer bem para ele compreender o seu erro...").

+ A recusa de perdoar enrijece a pessoa, retendo-a num estado de imaturidade. Ao contrário, perdoando se chega à condição de pessoa adulta, que não fica mais presa ao mal sofrido e condenada a uma espécie de infantilismo psíquico.

+ Esse mal-estar se reflete no trabalho, impedindo a pessoa de produzir o melhor da sua potencialidade. Miguel Angel Estrella, pianista argentino sequestrado e torturado em 1977, afirmou que o perdão era essencial para a sua arte.[24]

+ Do ponto de vista antropológico, pode-se dizer que a recusa do perdão lança a pessoa na lamentação de si mesma e nega a sua vocação ao amor e ao dom gratuito, que constitui o seu eu mais profundo, a "imagem de Deus". Torna-se, então, incapaz de estar bem consigo mesma. Essa antropologia da pessoa como

---

[24] Cf. ESTRELLA, M. A. Tu es des milliers. In: *Le pardon*. Paris: Autrement, 1993. p. 172.

dom é já uma conquista bem conhecida da filosofia, de Emmanuel Mounier (amo, logo, existo) a Claude Bruaire ("dom" é o outro nome da pessoa[25]), a Jean--Luc Marion ("O amor não pertence à ordem da reciprocidade mercantil, mas à ordem do dom incondicional"[26]) e a René Habachi (o homem é um "ser de gratuidade"[27]). A recusa do perdão leva à morte, porque o ser humano não pode viver sem amor. Cada um deve escolher entre a "morte" e a "vida", já que é próprio do rancor e do desejo de vingança produzir morte ao seu redor, ou seja, ulteriores feridas nas relações sociais e com Deus.

---

[25] Cf. BRUAIRE, C. *La forza dello spirito e lo spirito del diritto*, Torino: Giappichelli, 1990.

[26] Cf. MARION, Jean-Luc. *Le phénomène érotique*. Paris: Grasset, 2003.

[27] Esta é uma história narrada por Habachi, como exemplo: "Um jovem estava destinado a uma brilhante carreira junto ao fórum de uma grande cidade. Ele tinha, porém, a responsabilidade de cuidar de uma irmã doente, não consciente da realidade circunstante. Por causa desse ser frágil como um passarinho, como uma chamazinha, o advogado renunciou à perspectiva daquela carreira e retirou-se, juntamente com a irmã, a uma humilde cidadezinha de província: aqui a sua vida perdeu todo brilho, mas ele tornou-se o guardião vigilante da doente, que poderia ferir-se por qualquer coisa e que via o mundo somente através da mediação do irmão. Em seguida, a doente morre e reencontramos o advogado caminhando em companhia de um amigo, no ocaso de uma vida que ele não pode recomeçar. O amigo pergunta-lhe sobre o sentido daquela vida: "Não se arrepende?". O homem cala, está muito perturbado. O seu caminho o conduz a uma pequena flor vermelha que crescia solitária, longe de qualquer olhar, por sobre as pedras. O advogado pergunta, quase que a si mesmo: "Nunca se perguntou por que esta preciosa pequena maravilha cresce quase que inutilmente, num lugar onde quase ninguém a vê?". Ao seu amigo, espantado, que não sabe o que dizer, ele responde: "Para que o mundo seja mais belo quando o sol o contempla. Isso é a gratuidade" (HABACHI, R. *Une philosophie ensoleillé*. Essai sur la relation. Paris: Cariscript, 1991. p. 3).

Examinemos agora os efeitos do perdão recusado, do ponto de vista das relações:

+ Quem foi ofendido e não perdoa impede a si mesmo de ser relacionalmente feliz. A psicologia já demonstrou fartamente a importância do outro para a própria felicidade. Sabemos que só se pode dizer "eu" quando alguém diz "tu". Toda ferida no relacionamento com o outro, consequentemente, é também uma ferida no interior do eu.

+ A recusa do perdão corresponde à não aceitação do outro como ele é, com seus defeitos, seus limites, seus pecados e, portanto, do ponto de vista relacional e social, é uma recusa da pluralidade das pessoas, do estilo de vida de cada pessoa.

+ Quem odeia procura atrair seus amigos para a mesma órbita perversa do seu rancor, contaminando assim todos os relacionamentos, que se fundamentam sobre a dicotomia amigo/inimigo.

+ A recusa do perdão mina a convivência, espalha a divisão, opõe obstáculos ao amor e, portanto, desagrega a vida social.

+ Constitui uma ameaça ao bem comum, pois orienta as ações somente à pura defesa do bem individual. Isso vale para a sociedade e para os casais, que também devem defender tanto o bem de cada um como o projeto de amor, que vive quase de modo autônomo, como uma terceira realidade entre os dois. Como reafirma frequentemente João Paulo II, o amor conjugal não é só da mulher ou do homem (nesse caso, seriam no fundo dois amores), mas é único, algo que se liga como um "nós" que é prejudicado pela recusa do perdão.

+ A recusa do perdão identifica a pessoa com o mal que ela cometeu, negando-lhe a confiança e a possibilidade de demonstrar seu valor para além do ato em si ("Eu valho mais do que aquilo que fiz"). Desse modo, contradiz uma convicção antropológica fundamental, segundo a qual a pessoa é mais do que seus atos.

+ Estende ao seu redor, progressivamente, o sentimento de ódio a quantos conservem bom relacionamento com o ofensor, fechando-se sempre mais em um mundo cada vez mais estreito e limitado.

+ Acaba por envolver as instituições das quais o ofensor é representante: um mau relacionamento com um padre ou uma religiosa acarreta uma recusa à Igreja, e isso vale na mesma medida para qualquer instituição, por exemplo, de assistência pública, odiada por causa de um funcionário, ou até mesmo uma família, afastada por causa de um membro hostil. Na psiquiatria e na literatura conhecem-se muitos casos de pessoas que se deixam levar, desde a infância, pelo ódio contra a mãe e que acabam por fechar-se na recusa de amar, no prazer de humilhar, na hostilidade contra outras mulheres, numa espiral que envolve também os valores e a própria fé.

Uma criança que não se sente amada pelos pais pensa que jamais será amada e torna-se hostil à humanidade inteira. O ódio não resolvido propaga-se de forma mortífera até o ponto de estender esse ódio ao mundo inteiro. Nesse caso, pode-se facilmente cair no isolamento e na mania de perseguição.

+ A raiva e o ódio levam ao desejo de aniquilar o inimigo e criam um desequilíbrio psíquico, a pessoa fica presa à ilusão de que somente com o desaparecimento da pessoa odiada o mal poderá ser anulado e a serenidade será reconquistada.

+ Recusar o perdão não permite tirar vantagem do olhar crítico do outro, portanto, crescer humanamente. É o que ilustra a narrativa autobiográfica de Virgil Gheorghiu: "Nenhum amigo me proporciona, nem mesmo remotamente, aquilo que oferecem os inimigos... graças a eles, estou sempre vigilante: sou obrigado a reduzir os meus erros o máximo possível... Se não cometo erros muito graves, é exatamente por causa de meus inimigos, que estão sempre de olho em mim".[28]

+ O perdão recusado, apartando definitivamente o ofensor, bloqueia as possibilidades de desenvolvimento e impede o bem que ambos poderiam desfru-

---

[28] GHEORGHIU, V. *Porquoi m'a-t-on appelé Virgil?* Paris: Plon, 1968. Apud PASCAL, I. *È possibile perdonare*, cit. p. 57.

o dom do perdão

tar, quando, com o tempo, os dois veriam as coisas de modo diferente.

Podemos, enfim, enumerar os efeitos do perdão recusado no relacionamento com Deus:

+ O ofendido que se dobra sobre a ofensa recebida opõe obstáculo à graça divina, que poderia dar-lhe forças para perdoar, e assim fecha os canais de comunicação com Deus. Desse modo, nega a realidade ontológica de criatura, com referência ao Pai, do qual procede a vida e sobre o qual se apoia nossa fraternidade e, consequentemente, o perdão.

+ O cristão que não perdoa desfigura o seu projeto, que o qualifica como imagem de Deus, que é rico em misericórdia, e de Cristo, que veio à terra exatamente para renovar a aliança. A sua "hora", de que João fala repetidamente (cf. Jo 2,4; 12,23; 17,1), é aquela do perdão, como o demonstram as três parábolas da misericórdia. Não imitando o seu modelo, o cristão não realiza nem mesmo a própria felicidade. Não por acaso o perdão consta entre as bem-aventuranças: "Bem-aventurados os misericordiosos, porque alcançarão misericórdia" (Mt 5,3-12).

+ O cristão que se recusa a perdoar afasta-se do modelo do Cristo que, tendo sido ofendido, perdoou sempre, tanto na última hora ("Pai, perdoa-lhes, porque não sabem o que fazem", Lc 23,24) quanto ao longo da vida, quando era considerado louco (cf. Mc 3,21), endemoninhado (cf. Jo 8,48 e 52), um blasfemo e mentiroso (cf. Jo 9,34), um pecador (cf. Jo 9,34; Lc 5,30).

+ Quem se recusa a perdoar desfigura a imagem trinitária de Deus, que é relação de amor.

+ Não dá a Deus a alegria da reconciliação entre seus filhos e não se integra à sua alegria em perdoar tudo e de imediato a quem volta a abraçá-lo. Num conhecido episódio, Jesus Crucificado pede a São Jerônimo que lhe doe algo. O santo monge elenca os sacrifícios, a solidão, os jejuns. Cristo exprime, então, mais um desejo: "Doa-me também os teus pecados, para que eu posso perdoá-los". Esse mesmo conceito é expresso por São Paulo: "Deus encerrou a todos na desobediência, para usar de misericórdia para com todos" (Rm 11,32).

+ Quem não perdoa desobedece a uma ordem explícita de Deus, como comprova a parábola do servo que não perdoa: "'Servo malvado, eu te perdoei toda a tua dívida, porque me suplicaste. Não devias tu também ter compaixão do teu companheiro, como eu tive compaixão de ti?'. O senhor se irritou e mandou entregar aquele servo aos carrascos, até que pagasse toda a sua dívida. É assim que o meu Pai que está nos céus fará convosco, se cada um não perdoar de coração ao seu irmão" (Mt 18,32-35).

✦ A recusa do perdão impede que se recebam os sacramentos com honestidade, exatamente por causa do que pede Jesus, e assim diminui a graça na alma e alimenta um circuito de negativismo. Ao receber o sacramento da Reconciliação, a alma é impulsionada a ser misericordiosa com os irmãos, como o Pai celeste.

Os efeitos do perdão

O perdão é sempre um superdom, seja quando concedido por amor a si mesmo, seja em obediência à lei, às circunstâncias, às necessidades, seja, enfim, por amor a Deus. Mas, sobretudo, é um dom para a própria pessoa que o concede, já que o ser humano – como ensinava Aristóteles e Santo Tomás de Aquino – é por natureza propenso ao outro, às boas relações de amizade e à boa harmonia entre os semelhantes. O perdão restaura a harmonia, cura as feridas e, portanto, torna-se um fundamento natural da alma humana (apesar do desejo de vingança que por vezes o assalta). Prova disso está na medicina alternativa, que se ocupa do tema e que estuda medicamentos cuja única finalidade é o bem-estar integral da pessoa. Sobre esse ponto de vista, é preciso reconhecer que, ainda antes da cultura cristã (ou judaico-cristã), a cultura chinesa havia chegado à conclusão de que o perdão torna capaz de amar e de crescer, de reconciliar-se com o outro, de curar o espírito e o corpo.[29]

Segundo Aelredo di Rievaulx:

> Penso que é a própria natureza que inicialmente imprime no coração dos homens a tendência à amizade... Segundo a inclinação da sua [de Deus] razão eterna, ele quis que todas as criaturas vivessem em paz e se unissem em sociedade, e que todos, desse modo, recebessem vestígios de unidade do Ser, que é pura e soberanamente Uno.[30]

Tal convicção dos antigos tem hoje importantes comprovações, seja da experiência, seja da literatura, como também das ciências empíricas, as quais têm já uma confirmada tradição nos estudos sobre o perdão.[31] Especialmente na América, foram realizadas pesquisas (na maioria de matriz psicológica e psicoterapêutica[32])

---

[29] Cf. VV.AA. Il perdono come soluzione nella prospettiva della Medicina Classica Cinese. In: <http://www.beltade.it/dettaglio_rubrica.asp?id=1149&catego=105&codrub=23>.

[30] RIEVAULX, A. di. *L'amitié spirituelle*. Paris-Bruges: Charles Beyaert, 1961. p. 35.

[31] Além da pesquisa aqui ilustrada, sobre a necessidade de perdoar, de ser perdoado e do autoperdão, cf. a pesquisa de ENRIGHT, R. D.; HUMAN DEVELOPMENT STUDY GROUP. Counseling within the forgiveness triad: On forgiving, receiving forgiveness, and self-forgiveness. In: *Counseling and Values*, 40 (1996), pp. 107-126.

[32] Cf. por exemplo, ENRIGHT, R. D.; FITZGIBBONS, R. P. *Helping clients forgive*: an empirical guide for resolving anger and restoring hope. Washington: American Psychological Association, 2000; McCULLOUGH, M. E.; PARGAMENT, K. I.; THORESEN, C. E. *Forgiveness*: theory, research and practice. New York: Guilford, 2000.

que demonstram os efeitos benéficos do perdão sobre as relações interpessoais, com a aproximação entre quem sofreu uma injustiça e quem a causou.[33] Contribui de fato para renovar a comunicação recíproca, tornando-a mais construtiva, reforçando o envolvimento pessoal na comunicação até restabelecer a intimidade conjugal.[34]

Mesmo que não se tenha demonstrado de alguma forma que tais efeitos positivos se realizem, a eficácia com que o casal enfrenta o conflito após uma ofensa resulta claramente um fator de proteção dos laços conjugais. Diferentemente dos casais que administram um conflito de modo construtivo, aqueles que o administram de modo destrutivo registram o declínio da satisfação matrimonial.[35] Um estudo recente demonstrou que os esposos que se perdoam mutuamente fazem um balanço positivo e eficaz da resolução dos conflitos.[36]

---

[33] Cf. FINKEL, E. J.; RUSBULT, C. E.; KUMASHIRO, M.; HANNON, P. A. Dealing with betrayal in close relationships: does commitment promote forgiveness? *Journal of Personality and Social Psychology*, 82 (2002), pp. 956-974.

[34] Cf. GORDON, K. C.; BAUCOM, D. H. Forgiveness and marriage: preliminary support for a measured based on a model of recovery from a marriage betrayal. *American Journal of Family Therapy*, 31 (2003), pp. 179-199.

[35] Cf. GOTTMANN, J. et alii. Predicting marital happiness and stability from newlywed interactions. *Journal of Marriage and the Family*, 60 (1998), pp. 5-22; JOHNSON, M. D.; BRADBURY, T. N. Marital satisfaction and topographical assessment of marital interactions: a longitudinal analysis of newlywed couples. In: Personal Relationships, 6 (1999), 19-40; KURDEC, L. A. Predicting Change in Marital Satisfaction from Husband's and Wives' conflict resolution styles. *Journal of Marriage and the Family*, 57 (1998), pp. 153-164.

[36] FINCHMAN, F. D. et alii. Forgiveness and conflict resolution in marriage. In: *Journal of Family Psychology*, 18 (2004) pp. 72-81.

Ampliando esse tipo de busca, uma pesquisa sobre 95 casais do norte da Itália confrontou o perdão e outros estilos de gestão do conflito, tal como a agressividade, o compromisso, a fuga, para verificar qual estaria mais em consonância com uma conclusão eficaz e capaz de elevar o nível de qualidade das relações. Se colocados de um lado os estilos "construtivos", como o perdão e o compromisso, e de outro os "destrutivos", como a agressividade e a fuga, o primeiro grupo oferece maiores vantagens às relações significativas, em ordem de eficácia e de satisfação do casal.[37]

Mais detalhadamente, a Universidade de Hamburgo promoveu algumas pesquisas empíricas, aplicando um questionário para casais estatisticamente representativos da população alemã. Os resultados foram surpreendentes.[38]

Efeitos sobre quem perdoou

- 75% dos entrevistados que perdoaram mudaram o estado de ânimo e o comportamento;
- 46 % mudaram também o modo de pensar, além do comportamento;
- 29% tiveram sentimentos positivos;

---

[37] PALEARI, F. G. et alii. Marital quality, forgiveness, empathy and rumination: a longitudinal analysis. In: *Scientific findings about forgiveness*, Conference, 24-25 out. 2004.

[38] Cf. CAVALLIERE, R. *Perdonare*, cit., pp. 83-95.

- pessoas que perdoaram puseram em prática processos intelectivos, graças aos quais julgaram o outro menos negativamente, não o culpabilizaram;
- lamentaram-se menos da própria situação negativa;
- redesenharam o sentido da própria história, atribuindo menos importância àquele episódio;
- desenvolveram maior tolerância e maior equilíbrio depois das primeiras reações emocionais;
- compreenderam as motivações do outro, olhando para além das aparências talvez arrogantes, para compreender suas fraquezas;
- confessaram que, graças ao sofrimento provocado pelo perdão, sentiram-se enriquecidos por um profundo conhecimento de si;
- a paz interior substituiu a obsessão provocada pelos pensamentos negativos e persecutórios;
- reconquistaram a serenidade a fim de poder encontrar o outro, fazer-lhe uma cortesia, não se sentir mal na sua presença;
- sentiram-se mais frequentemente encorajados a perdoar, assumindo o perdão como uma linha diretiva do próprio comportamento;

Interessante também é notar os efeitos sobre quem foi perdoados (59% dos entrevistados afirmam ter sido perdoados com frequência, predispondo-se assim a perdoar também).

o dom do perdão | 105

Efeitos sobre quem foi perdoado

- sentiram-se aliviados do peso da responsabilidade e mais motivados a evitar rupturas;

- sentiram-se gratos, protegidos e em paz;

- 85% dos entrevistados retomaram a relação que tinham perdido pelo conflito;

- 21% evitaram repetir comportamentos desagradáveis;

- 83% experimentaram sentimentos positivos durante e depois do perdão; e perceberam em si um sentimento de libertação das culpas;[39]

- os entrevistados sentiram-se mais solidários e tiveram pensamentos positivos com maior frequência;

- 20% aprenderam, por emulação, a perdoar;

- cresceu a autoestima, antes perdida por não se sentirem aceitos e agora recuperada;

- sentiram um novo otimismo e o prazer de recomeçar;

- aumentou o bem-estar da pessoa[40] que restabeleceu a harmonia com o outro, renovou o microcosmo do seu coração e de suas relações mais próximas, aprendeu a conhecer melhor a si mesmo e o outro, a defender e a reconstruir a paz;

---

[39] Cf. ibid., pp. 88-89.

[40] Para uma ulterior confirmação, cf. KARREMANS, J. C.; VAN LANGE, P. A. M.; OUWERKERK, J. W.; KLUVER, E. S. When Forgiving enhances psychological Well-being: the role of interpersonal Commitment. *Journal of Personality and Social Psychology*, Washington, 5 (2003), pp. 1001-1026: os autores indicam outros artigos e pesquisas que confirmam esta tese.

+ reduziram-se significativamente os eventuais efeitos psicossomáticos surgidos devido ao sentimento de culpa.[41]

As pesquisas oferecem um notável contributo na especificação dos efeitos do perdão, mas não revelam nada da sua natureza essencialmente sobrenatural. Do ponto de vista da fé, a capacidade de perdoar e os efeitos do perdão surgem do mistério da cruz. João Paulo II escreve:

> Olhar o mistério do Gólgota deve recordar-nos continuamente que a dimensão vertical da divisão e da reconciliação na relação homem-Deus, numa visão de fé, prevalece sempre sobre a dimensão horizontal, quer dizer, sobre a realidade da divisão e sobre a necessidade da reconciliação entre os homens. De fato, sabemos que essa última reconciliação só pode ser fruto da ação redentora de Cristo, que morreu e ressuscitou para vencer o reino do pecado.[42]

---

[41] Nesta mesma linha, pode-se ler o livro de MONBOURQUETTE, J. *Comment pardonner?* Pardonner pour guérir, guérir pour pardonner. Ottawa: Novalis/Bayard, 2001, que indica a importância não só de perdoar a fim de encontrar a cura, mas também de curar-se para poder perdoar.

[42] JOÃO PAULO II, *Reconciliatio et poenitentia*, n. 7.

QUAL PERDÃO?

Formas ilusórias de perdão

Existem várias formas de perdão que, examinadas com atenção, demonstram-se falsas. Com a cumplicidade do amor-próprio, cada um inventa ilusões que se assemelham ao perdão, simulam-no, mimetizam-no, mas não exprimem sua peculiaridade e acabam por aviltá-lo.[1] Vale aqui o slogan publicitário: "Duvide das imitações". É muito oportuno o que diz Vladimir Jankélévitch:

> O perdão, inversão revolucionária das nossas tendências de vingança, propicia uma mudança radical, mediante a qual, portanto, o perdão ou é total ou não existe.[2]

Vejamos uma tipologia de formas de pseudoperdão.

---

[1] Sobre as falsas formas de perdão, cf. FARREL, B.; FARREL, P. *Love, Honor & Forgive*. A Guide for Married Couple. Madison: Intervarsity Press, 2000. Este casal, em que ela é jornalista e ele é pastor, oferece argumentos para aprofundamento, e inclui referências bíblicas, com a intenção sadia de reconstruir a relação do casal até a redescoberta da própria paixão amorosa perdida por causa da traição.

[2] JANKÉLÉVITCH, V. *Il perdono*, cit., p. 218.

o dom do perdão | 109

O perdão superficial
(também chamado perdão negativo)

Perdoar pode tornar-se um comportamento habitual, que simplesmente adia a explosão do conflito, a análise e a remoção das causas de não querer reconhecer a ferida. Mas a memória, quando menos esperamos, aflora: "É sonâmbula. Volta às próprias feridas, ainda que devesse atravessar o mundo...".[3] Sem um esforço de compreensão e de elaboração sobre o que aconteceu, em âmbito pessoal e conjugal, arrisca-se a passar de uma briga a outra, de um perdão a outro, sem medir a gravidade da ofensa, sem distinguir as causas e, portanto, sem poder removê-las. É melhor duvidar do esquecimento apressado:

> É errado considerar o esquecimento como forma de perdão. É exatamente o contrário. O perdão ajuda na cura da memória e, por meio dela, a lembrança da ferida perde sua força... Eis porque a memória se liberta e pode dedicar-se a outros pensamentos, ao contrário da recordação deprimente da ofensa.[4]

Perdão não é coisa que se compra em liquidação. Exige empenho da vontade, num processo longo e penoso,

---

[3] A frase de E. Welty é citada por R. Studzinski no artigo Ricorda e perdona. In: *Concilium* 2 (1986), p. 26.

[4] MONBOURQUETTE, J. *Comment pardonner*, cit. p. 35, apud PASCAL, I. *È possibile perdonare?* cit., p. 77.

que varia conforme o contexto e as pessoas envolvidas. Deve saber afrontar o risco da não correspondência.

O perdão racional

Trata-se da boa disposição de desculpar o outro, quando ele comete um erro que tem uma razoável motivação. A pessoa ofendida se esforça em compreender a todo custo as razões daquele comportamento e, ainda que esse comportamento lhe tenha causado algum prejuízo, procura desculpá-lo (pense em determinadas situações referentes à pessoa amada ou aos filhos). Tal forma de perdão revela uma maturidade humana e relacional que honra o ofensor, mas a vontade de compreender tudo não pode ser considerada automaticamente perdão. Ao contrário, nega-lhe o específico, pois só se pode falar de perdão verdadeiro quando o ofendido considera a culpa pessoal sem nenhuma justificativa que tenha valor suficiente a seus olhos: o perdão tem sentido próprio quando a ofensa parece imperdoável.

O perdão "impotente"

Às vezes o ato de perdoar parece um gesto generoso, mas pode corresponder à impotência de quem sabe que não conseguirá um acordo para negociar comportamentos alternativos e se resigna a uma situação injusta (como, por exemplo, uma infidelidade), renuncia

o dom do perdão | 111

aos seus direitos por conveniência, por temor de que o conflito possa ter efeitos mais desastrosos. Semelhante perdão acontece, geralmente, entre pessoas que ocupam posições diferentes no estrato social: aqueles que são "inferiores" e não poderiam entrar em conflito sem ter de voltar atrás, são "obrigados" a perdoar. Esse perdão é "fácil" apenas no sentido de que é concedido sem condições, mas continua a alimentar o rancor como um fogo sob as cinzas. Num casal, pode ser deseducativo se termina por fazer "agrados" ao outro, avalizando seu comportamento incorreto. Aquele que é ofendido pode parecer heroico, mas na verdade é apenas explorado, e interiormente se sente enraivecido, impotente. Não raramente, a incapacidade de pôr a situação às claras é mascarada por uma espiritualidade vitimista.

O perdão conveniente

Há casos notórios de traição conjugal, em que todos sabem que um dos cônjuges é traído, mas por conveniência, após um sofrimento inicial, a pessoa se adéqua à situação por conveniência, pelo conforto ao qual não quer renunciar. Sobretudo se tem uma boa condição social e mantém um estilo de vida mais que satisfatório, que não pretende abandonar indo viver só e com uma renda reduzida. O encanto do amor rompeu-se, mas prossegue-se, como duas notas sonoras dissonantes. Acontece como na narrativa de François Mauriac, notoriamente mesquinho:

Certa vez, um grande romancista francês precisou dar entrada num processo; informou-se com um advogado: "Quanto vai custar?". "Nada." "Mas haverá despesas?" "Provavelmente!" Ele consultou a mulher com um olhar e respondeu: "Com este preço, o perdão me custará menos".[5]

O coração ainda não estava vazio de ressentimento; não havia perdão, mas um cálculo mercenário; não havia união, mas negociação entre dois indivíduos; não havia vingança, mas as suas vibrações se faziam sentir.

O perdão humilhante

O ofendido pode colocar-se na posição de quem pretende desculpas, mantendo-se num comportamento de superioridade e destaque: "Eu perdoo você, mas somente se me pedir desculpas e reconhecer o quanto errou em relação a mim". O perdão, para ser verdadeiro, deve ser um ato de humildade tanto da parte de quem o pede quanto de quem o recebe.

O perdão rancoroso

Aquele que perdoou orgulha-se da própria magnanimidade, e pensa ter obtido o direito de, toda vez que o outro comete um erro ou quando é ele próprio que erra, poder dar-lhe o troco ("Lembre-se de que eu perdoei você").

---

[5] PASCAL, I. *È possibile perdonare?*, cit., p. 84.

O perdão "opressor"

Há quem diga: "Eu perdoo você", mas não para de lembrar o outro de suas faltas, aproveitando as circunstâncias ou a presença de testemunhas manipuladas para seus próprios intentos.

O perdão indolente

Existe um tipo de perdão indolente e preguiçoso, do tipo descrito por Camus ao apresentar um tipo de inércia relacional mortífera através de um personagem (J. B. Clamence):

> Notaste que existem pessoas cuja religião consiste em perdoar todas as ofensas; de fato, perdoam, mas nunca se esquecem delas. Jamais fui levado a perdoar as ofensas, mas sempre acabei por esquecê-las. Assim, aqueles que acreditavam que eu os detestasse, não se conformavam de eu os cumprimentar com um grande sorriso. Assim, dependendo do seu modo de ser, eles podiam admirar a grandeza de minha alma ou desprezar a minha fraqueza; não entendiam que as minhas motivações eram mais simples: eu esquecia até os nomes deles. A mesma inércia, que me tornava indiferente ou ingrato, me levava à magnanimidade.[6]

---

[6] CAMUS, A. La chute. In: *Théatre, Recits, Nouvelles*. Paris: Gallimard, 1962. p. 1501 (trad. it. *La caduta*. Milano: Bompiani, 1983). [Ed. bras.: *A queda*. 15. ed. Rio de Janeiro: Record, 2008.]

O perdão apagão

Pode-se pensar em perdoar de modo teórico, para ficar em paz com a própria consciência, mas ao mesmo tempo decidir nunca mais falar com o outro. ("Eu perdoo você, mas fecho as portas da comunicação e só as reabrirei quando estiver certo de que está suficientemente arrependido"). O silêncio é usado como arma que fecha a relação. Seria melhor exprimir o próprio ressentimento, criar um conflito esclarecedor, manifestar o próprio sofrimento; mas isso é impossível, se o ofendido guarda rancor e se sente humilhado por reconhecer que não consegue controlar seus sentimentos.

O perdão protelado

Quem sofreu uma ofensa e quer que o outro entenda bem o seu ressentimento pode, às vezes, protelar o momento do perdão como um recurso instrumental. Não quer encerrar o caso e utiliza o método do adiamento como arma punitiva. O outro se sente humilhado e chantageado, como se fosse uma criança à qual é negado o beijo reconciliador de boa-noite.

O perdão de acomodação

É um perdão que se adapta aos limites do outro, mas não consegue nem aceitá-los nem removê-los. Mais do

o dom do perdão

que reconciliação, seria uma *conciliação* entre justo e injusto. Prefere-se, ao ódio, um acordo honroso entre as partes, que aceitam a coexistência, ou seja, um mínimo denominador comum, mas que não é algo construtivo para uma vida em comum, não é uma ação orientada para o outro na relação de amor.

O perdão paternalista

É um perdão que mais afirma a própria superioridade, uma concessão que desce do alto da própria magnanimidade. O ofendido utiliza sua situação de "inocência" para chantagear o outro, no plano psicológico e moral, fazendo-lhe ver todo o peso da sua culpa. Mesmo que o tenha perdoado com palavras, interiormente não o fez. Na verdade, aproveita todas as ocasiões, diretas ou indiretas, para destacar sua inocência e a culpa do outro.

O perdão que dissolve o outro

Quem se sente ofendido, pode dizer: "Eu o perdoo, mas não quero vê-lo nunca mais. De agora em diante, farei de conta que ele não existe". É evidente que esta forma de perdão não passa de um desejo de construir um mundo imaginário do qual o ofensor foi eliminado ("Ponhamos uma pedra em cima"). Quem age assim, devolve o mal, negando a existência social e afetiva do outro, reduzindo-o à não existência. Como escreveu Jankélévitch:

Deixar pra lá e virar a página não significa ter relação com o outro, mas sim romper todo tipo de relação: o próximo, juntamente com sofrimentos e velhas angústias, é lançado ao mar... "Como se livrar dele" não é um problema moral.[7]

A indiferença gélida é um sadismo sutil que pretende conquistar a vitória do perdão, mas, na realidade, simplesmente fechou o coração e aplicou a refinada tortura da negação do amor, da atenção, da existência social.

A indiferença temporária

Pode acontecer que o ofendido precise tomar distância. Sabe que pode e deve perdoar, mas reconhece que ainda não está interiormente pronto para fazê-lo de maneira adequada. Neste caso, a indiferença é um modo de defender-se.

> Tal atitude é um mal menor que assegura a sobrevivência quando a ferida é excessivamente dolorosa. Às vezes vale a pena, por certo período, não olhar nem tocar o machucado; mas não nos iludamos: este é um remédio parcial e temporário. Muito cedo será preciso tirar o curativo, encarar o ferimento, cuidar dele.[8]

---

[7] JANKÉLÉVITCH, V. *Il perdono*, cit. p. 135.

[8] PASCAL, I. *È possibile perdonare?*, cit. p. 80.

O perdão abusivo

Há casos de abuso de perdão disfarçados de desejo de segurança amorosa: o perdão transforma-se num jogo que no fundo esconde o desejo de permanecer mais tempo com o cônjuge. Ainda que se trate apenas de ofensas leves, o outro denuncia e amplia os erros para que o cônjuge se sinta culpado, em dívida, peça desculpas e volte suas atenções para ele. Somente depois disso é que se mostra disponível a perdoar. Tal comportamento destrói a serenidade da relação e do cônjuge.

O perdão "umbilical"

Existe um tipo de perdão que não provém do desejo espontâneo e cristão de perdoar, mas da incapacidade de suportar a falta de serenidade em família. Na falta de um bom clima familiar, sente-se um sofrimento agudo e persistente, que constrange à reconciliação: após certo período de asfixia, quer-se a todo custo remover o bloqueio e fazer voltar a serenidade. Concede-se, pois, um perdão antecipado, com o risco de sua desvalorização, se não houver arrependimento. Tal perdão forçado pode dar origem a algo pior, originar uma catástrofe, ainda que possa também servir de estímulo ao exercício do perdão virtuoso.

O perdão apregoado

Falar de perdão pode tornar-se contraproducente, quando se trata de uma prédica, de uma exortação moral que não leva em conta o contexto, o sofrimento, a dinâmica da identidade destruída. Para um cônjuge abandonado, é difícil perceber o sentido do perdão, sobretudo quando é evidente a unilateralidade da culpa em relação a quem foi traído, constrangido, humilhado. Somente as vítimas sabem quanto custa o perdão e – como acrescenta Simon Wiesenthal – "os outros podem facilmente falar de perdão, porque não têm nada a perdoar".

O perdão minimalista

Por vezes o perdão é simplesmente um "pedido de desculpa, para minimizar o fato e a culpa". Nesse caso, o perdão pode tornar-se contraproducente: querendo ajudar a quem errou, acaba por feri-lo na sua dignidade, porque o reduz a alguém incapaz de agir responsavelmente e até mesmo de errar. O outro parece medíocre e incapaz de cometer o mal ou fazer o bem. É uma falsa compaixão que tira da pessoa aquilo que a qualifica como tal, ou seja, sua liberdade e sua responsabilidade. Eis um episódio esclarecedor, relatado por Marie Magdeleine Davy:

> Gérard desculpa a mulher que lhe foi infiel: "Não tenho porque perdoar-te... O motivo de agires assim está acima de tua capacidade". A mulher reage explosivamente: "Não, isso não! Prefiro a morte!".[9]

---

[9] DAVY, M. M. *Un philosophe itinérant*: Gabriel Marcel. Paris: Flammarion, 1959. p. 115.

O perdão sob condição

"Eu perdoo você, se me provar que mudou", é uma frase que mantém o outro na incerteza, mesmo que se tenha a intenção de estimulá-lo a mudar. Em certos casos, do ponto de vista educativo, isso pode ser eficaz para inculcar um comportamento correto, mas o abuso pode tornar-se uma chantagem, o que é inaceitável.

O perdão impossível

"Eu queria perdoar você, mas não consigo". Essa é a atitude de quem, com a vontade e o comportamento, faz de tudo para cumprir o mandamento do perdão, mas se sujeita à própria impotência porque a ferida ainda está sangrando demais. Percebe que não consegue controlar o forte ressentimento que surge ante o pensamento ou a presença do ofensor: o esforço é intenso, mas os resultados são escassos. O contraste entre o dever e a realidade pode criar nesse caso fortes escrúpulos e consequências físicas de rejeição e mal-estar. É melhor reconhecer franca e serenamente a própria incapacidade, sem por isso julgar bloqueada para sempre a possibilidade de perdoar. É preciso aguardar os meios de enfrentar um "inimigo" interior poderoso como o rancor, e esperar que o tempo cure as feridas.[10] Entretanto,

---

[10] Santa Teresa de Lisieux escreve: "O meu último recurso para não me deixar vencer no combate é a fuga". Considerando a impossibilidade de suportar as acusações injustas, e não querendo defender-se acusando, Teresa foge: "Não

também a vontade de perdoar (explicitamente declarada ou interiormente aceita) possui um valor humano, moral e espiritual, se bem que não garanta a verdadeira reconciliação, como quando se retoma o fluxo de empatia entre o ofendido e o ofensor. O reconhecimento da própria incapacidade de perdoar e a vontade de perdoar constitui o primeiro passo, que de algum modo atrai e produz o perdão.

O perdão substituto

É o perdão que se concede em nome das vítimas que já não estão mais presentes e que não podem contar a sua história nem clamar por justiça. Não é possível dar a palavra ao ofendido, e o perdão é dado em nome de um ausente. É o caso proposto por Dostoievski, no romance *Irmãos Karamázov*, quando se negava à mãe o direito de perdoar em nome do seu menino;[11] é o problema

---

foi um ato de coragem, Madre, mas acredito que seja melhor não me expor ao combate quando a derrota é certa, não é verdade?" (TERESA DE LISIEUX. *I miei pensieri*. La storia di un'anima. Pessano: MIMEP, 1996, pp. 325-326). [Ed. bras.: *História de uma alma*. 4. ed. São Paulo: Paulinas, 2012.]

[11] Cf. DOSTOIEVSKI, F. M. *I fratelli Karamazov*. Milano: Garzanti, 1979. pp. 260-262, v. I. [Ed. bras.: Os irmãos Karamázov. 2. ed. São Paulo: Editora 34, 2009.] O autor volta ao tema do perdão em *L'idiota* (Milano: Rizzoli, 2004) [Ed. bras.: *O idiota*. 3. ed. São Paulo: Editora 34, 2010.]. O personagem principal, o príncipe Myshkin, compreende simplesmente "deixando pra lá" ou esquecendo, ou, caso se prefira, perdoando. Mas não perdoa porque "compreende". Myshkin perdoa ao ultrapassar o pecado, e por isso se torna ridículo. O príncipe entende que essa confiança cega é ingenuidade. Diz: "Sabem, para mim, às vezes é bom ser absurdo. Antes, é muito melhor, fica mais fácil perdoar um ao outro e manter-se humilde". Giulio Scarpati comenta: "Myshkin é assim: não reage à maldade, porque é puro, de uma pureza que não pode ser maculada, e que é

que se propõem Jankélévitch e Wiesenthal em relação ao Holocausto, considerando que os sobreviventes não podem perdoar, pois não foram autorizados pelas vítimas.[12] É evidente que nesse caso não se pode recorrer à substituição ou à procuração. É preciso colocar-se sob o ponto de vista dos torturadores: podem esperar serem perdoados, mesmo na ausência das vítimas? É uma pergunta que Manzoni responde, ao percorrer o caminho de conversão de Padre Cristóforo e imaginando que ele peça ao superior do convento:

> Permiti-me, Padre... que eu possa ao menos demonstrar meu arrependimento de não poder reparar o dano pedindo perdão ao irmão do morto e, se Deus abençoar minha intenção, tirando-lhe o rancor da alma.[13]

Seria cruel fechar as portas do perdão, seja em consideração do fato de que a vítima falecida também

---

um risco e uma admoestação, pelo que não se detém a falar com os outros ou a contemplar um por do sol, como se lê no romance; [...] Myshkin é uma pessoa bondosa, que jamais se ofende e está disposto a perdoar. Com sua ingenuidade analítica, põe em crise toda a humanidade e cria mal-estar. Sente-se inadequado, enquanto o mundo burguês lhe oferece uma adequação apenas formal, um perdão que na realidade é somente exterior" (cf. <http://www.caffeeuropa.it/attuallita/84teatro-scarpati.html>).

[12] Cf. WIESENTHAL, S. *Giustizia non vendeta*. Milano: Mondadori, 1989. [Ed. bras.: Justiça, não vingança. Petrópolis: Vozes, 1990.]

[13] Do cap. IV de I promessi sposi, op. cit. Uma interessante reconstrução das principais asserções literárias do tema conflito-perdão pode ser encontrada em ELLI, E. Tra indifferenza, conflitto e ricerca di perdono: le relazioni familiari nel romanzo italiano del secondo novecento. In: VV.AA. *Dono e perdono nelle relazioni familiari e sociali*, cit., pp. 265-288.

poderia perdoar, o que em princípio não pode ser excluído, seja em consideração ao princípio humanitário de conceder ao culpado a possibilidade de redimir-se e recomeçar (não é possível punir uma culpa infinitamente), seja ainda, do ponto de vista cristão, atribuindo a Deus a fonte de misericórdia.[14]

O perdão New Age

O perdão é contemplado e encorajado em todos os escritos de tendência New Age* Mas Ide Pascal pôs em evidência os limites desse tipo de perdão:

+ objetiva a paz interior "como único objetivo" (e afirma que é possível ao sujeito escolher a anulação dos pensamentos dolorosos);

+ concentra-se na harmonia interior do indivíduo, num individualismo exagerado que subestima a reciprocidade e prefere o esquecimento seletivo do passado;

+ tende sempre a desculpar o outro, subestimando sua responsabilidade moral e anestesiando o mal (o erro fica reduzido ao conhecimento, à gnose);

---

[14] Para uma recognição do sentido teológico do perdão cristão, cf. LAFFITTE, J. Il senso del perdono nella tradizione Cristiana. In: VV.AA. *Dono e perdono nelle relazioni familiari e sociali*, op. cit., pp. 15-54.

* O movimento New Age (Nova Era) surgiu entre as décadas de 1960 e 1970 e tem como características uma combinação de temas de influências espirituais e teológicas diversos e a proposta de novos modelos morais, psicológicos e sociais que visam à harmonia com o meio ambiente, a natureza e o cosmos. (N.E.)

- acaba por negar o real na sua objetividade e também o mal, pelo excesso de pensamentos positivos e pela importância atribuída ao estado de ânimo, que "cria" idealisticamente a realidade;

- aponta sempre a unidade como fusão, desprezando o respeito às diferenças.

A "divina comédia"

Às vezes a vontade, embora num esforço de cumprir gestos de reconciliação espontânea e levada por um forte desejo de desfazer as divisões, comporta-se como profecias que se autorrealizam e acabam por derreter o gelo, a fúria dos comportamentos forçosamente benévolos no confronto com o ofensor.[15] Faz crer que sua culpa não foi percebida ou foi esquecida e, portanto, livra-o do peso e da necessidade de pedir perdão. Na realidade, o verdadeiro perdão não chegou ao fim de seu percurso: ofensor e ofendido não conseguem ainda, real e fraternalmente, desfazer o gelo entre ambos, mas a vontade começa a criar condições favoráveis para que isso se realize. Este é um comportamento raro, que requer uma forte espiritualidade, mas, quando se realiza,

---

[15] Este comportamento é muito bem descrito por Teresa de Lisieux: "Há na comunidade uma irmã que possui o talento de desagradar-me em tudo". Mas Teresa começa a sorrir-lhe e servi-la como se a privilegiasse, a ponto de provocar a pergunta: "Irmã Teresa do Menino Jesus, poderia dizer-me o que é que a atrai tanto a mim?" (TERESA DE LISIEUX, *I miei pensieri*, cit., pp. 323-325).

o dom do perdão

cumpre a função daquela que é chamada uma "divina comédia", em que a representação teatral da paz acaba por provocar a paz.

* * *

As formas elencadas de pseudoperdão podem parecer falsas e gerar desencanto sobre o perdão em si. Não se pode pretender o perdão de todos, sempre e de imediato. Porém, ao estudar as diversas formas de pseudoperdão, podem-se conhecer e aceitar melhor os próprios limites, perdoar-se e fazer o possível para purificar o próprio comportamento, embora sabendo que nunca se chegará às formas mais perfeitas de perdão.

Basta confessar-se?

Na ótica de um cristianismo, ainda que ritual, a reconciliação coincide *sic et simpliciter* (pura e simplesmente) com o sacramento da Penitência. O perdão que se pede a Deus, "rico em misericórdia", através da mediação do ministério sacerdotal, pode tomar o lugar da reconciliação com o tu da vida cotidiana. A consciência fica tranquila, pelo fato de ter-se confessado, mesmo que não tenha movido um dedo sequer em direção à pessoa que, com ou sem razão, se sente ofendida.

o dom do perdão | 125

O casal vai ao sacramento da Reconciliação separadamente; cada um apresenta sua versão dos acontecimentos. O sacerdote os ajuda a confrontar-se com a Palavra de Deus, dá a absolvição e indica o comportamento a ser assumido. Mas o perdão exige mais do que a observância das regras.

Pode acontecer que, mantendo uma relação de autoridade entre o penitente e o confessor (independentemente de cada confessor e das possíveis exceções), o penitente "obedeça" por princípio, faça também gestos positivos, mas de maneira formal e fria. Interiormente, conserva um bloqueio que não se dissolve. Além da análise das próprias culpas, pode acentuar-se a dimensão individualista e moral do pecado, a atenção pode focalizar-se de modo obsessivo num aspecto especial da vida a dois, por exemplo, sobre a sexualidade (o prazer recusado, reprimido, buscado em outro lugar), sem tocar na dinâmica humana e relacional que delineia um determinado contexto conjugal. Pode também acontecer que o outro se sinta excluído da relação do cônjuge com o confessor e alimente ulteriores ressentimentos. A paz em família acaba a quilômetros de distância.

Exatamente para evitar essa redução ritualista, Jesus mandou que se buscasse a reconciliação com o irmão antes de cumprir qualquer outra obrigação.[16]

---

[16] "Portanto, quando estiveres levando a tua oferenda ao altar e ali te lembrares que teu irmão tem algo contra ti, deixa a tua oferenda diante do altar e vai primeiro reconciliar-te com teu irmão. Só então, vai apresentar a tua oferenda" (Mt 5,23-24).

De um ponto de vista mais existencial do que teológico, temos de constatar o fato de que há casais que se confessam regularmente, mas não conseguem perdoar-se. A Deus não se imita simplesmente elevando os olhos ao céu, ajoelhando-se, humilhando-se, se não se entra em sintonia com a sua misericórdia, se não se assume o seu espírito, se não se veste o seu hábito de bondade.

Ao aproximar-se do confessionário, o cristão exprime seu desejo de reconciliação e pede a graça necessária para superar a prova. Isso atesta sua confiança em Deus, mas o próprio Deus é que solicita a superação das divisões, também as provocadas por culpa dos outros.

Pode acontecer que uma pessoa subestime o tempo e os ciclos da vida conjugal, as falhas do modelo relacional adotado, e não se aplique suficientemente num trabalho humano e horizontal, necessário para uma verdadeira reconciliação. Não se pode desconsiderar a dimensão divina (ainda que entre os não crentes ela possa estar implícita, sem ser reconhecida pelos diretamente interessados[17]); mas também não se pode passar por cima da dimensão humana, a não ser em casos excepcionais e que por especial intervenção divina saem da regra comum.

---

[17] Para a espiritualidade das relações praticável com os não crentes, cf. nosso texto *Com o senza Dio? Per una spiritualità della relazione sponsale*. Cantalupa: Effatà, 2005.

o dom do perdão | 127

A teologia tomista afirma que *"Gratia autem non destruit naturam, sed perficit"* (A graça não destrói, mas aperfeiçoa a natureza humana),[18] o que é demonstrado por um trabalho em diferentes níveis e que envolve a pessoa toda na sua situação relacional concreta, sem fugir para o espiritualismo ou o moralismo.

Do lado oposto pode haver um excesso de psicologismo, que requer a intervenção de um perito,[19] demanda recursos, tempo e dinheiro para analisar as situações, mas que frequentemente obtém efeitos limitados e ilusórios: tudo fica mais claro, mas nada muda. O motivo pode ser um diagnóstico – portanto, uma terapia – sem objetivos claros e, portanto, ineficaz. Mais frequentemente, porém, se subestima ou se nega a importância da graça, que procede do alto e oferece recursos impossíveis aos seres humanos, transforma "água em vinho", exatamente como em Caná da Galileia. O perdão precisa de um "algo a mais", que não se obtém apenas com o exercício da vontade ou multiplicando as sessões de terapia.[20]

---

[18] SANTO TOMÁS DE AQUINO. *Alia lectura super sententiis*, q.4a.4.

[19] O exemplo de um caso terapêutico com a sua conceitualização está bem descrito em MAULDIN, G. R. Forgive and Forget: A Case Example of Contextual Marital Therapy. In: *The Family Journal. Counseling and Therapy for couples and families*, 2 (2003), pp. 180-184.

[20] Nem sempre o perdão é uma terapia de sucesso, não obstante a ênfase que se lhe tenha dado nos últimos anos. Sobre essa hipótese crítica, se desenvolve a análise da literatura sobre o tema feito por ROTTER, J. C. Letting go: Forgiveness

Essa dimensão vertical, ascendente e descendente do perdão (o pedido do homem a Deus, e a graça de Deus ao homem), é premissa da pureza do perdão horizontal. É de grande ajuda que os dois cônjuges se reconheçam capazes de cometer falhas e, por isso, de pedir perdão a Deus, especialmente à noite, separadamente e também juntos. Existem pecados pessoais e pecados conjugais. As responsabilidades são pessoais, mas tendo-se assumido o empenho de cuidar um do outro, do seu ser integral, inclusive da dimensão espiritual, cada ato singular tem repercussão sobre o cônjuge (o modo como se influenciou a escolha, quais gestos foram omitidos), tanto no mal como no bem ("A mulher santifica o marido"[21]).

Quando o pedido de perdão se torna um hábito, à noite, ao se pedir perdão a Deus, será espontâneo pedir perdão um ao outro. Não é preciso que tenha havido ofensas graves. Basta pedir desculpas e confirmar o amor mútuo para que a reciprocidade, ofuscada pela pressa durante o dia, torne a brilhar e garanta um repouso sereno. Juntos, pode-se também levar em consideração as consequências sociais das escolhas e dispor-

---

in Counseling. *The Family Journal. Counseling and Therapy for couples and families*, 2 (2001), pp. 174-177.

[21] "[...] o marido não cristão fica santificado por sua mulher cristã, e a mulher não cristã fica santificada por seu marido cristão [...]" (1Cor 7,14).

o dom do perdão | 129

-se a pedir ou obter o perdão de outrem. De fato, como escreve Danneels:

> A confissão é um sacramento social. Toda vez que um pecador se converte, o nível da graça se eleva em toda a Igreja e o mundo inteiro torna-se melhor. O pecado é um prejuízo para muitos, a conversão cura muitos outros.[22]

Encontrar-se-ão juntos os melhores caminhos para por em prática as boas intenções, e enquanto são aceitas as explicações dos fatos, reforçam-se as decisões de dar o passo certo e se pede a Deus que os ajude a conseguir. Pode-se, enfim, pedir perdão a Deus pelo mal que nos envolve a todos, pelas injustiças, pelas opressões, pelas crianças abandonadas, pelas mulheres subjugadas, pelo trabalho escravo, pela nossa falta de sensibilidade, pela incapacidade de viver a sobriedade digna de uma solidariedade concreta para com os pobres (pedir perdão a Deus pelos recursos mal empregados, pelos desperdícios, pelas despesas supérfluas). Enfim, como existe um ritual do perdão humano, que encerra uma briga mediante uma carta, um encontro, palavras apropriadamente ditas com sensibilidade psicológica e inteligência amorosa, gestos simbólicos, refeições e dons que obje-

---

[22] DANNEELS, G. Sermon sur la Parabole de dix Vierges. In: *Intams Review*, 1 (2000), p. 41.

tivam selar a festa da reconciliação, assim também a confissão, com o pedido de perdão e a força de perdoar, representa o ponto conclusivo de um percurso, talvez tortuoso, mas que conduz àquele que é o único bem.

As precondições do perdão

Examinemos agora as precondições do perdão.

✦ Não se pode pensar no perdão como um "momento mágico". Ao contrário, trata-se de um processo, uma "peregrinação do coração", que deve atravessar suas etapas (catalogadas de formas diferentes pelos estudiosos, mas que são essencialmente três: o sofrimento inicial, a raiva e a reconciliação[23]), seguindo os ritmos da própria psique e chegando a certas conclusões. Não pode ser abreviado, sob pena de danos a médio ou longo prazo. A recusa em esperar o tempo necessário pode provocar novas feridas, quedas e fraturas graves. Algumas vezes pode parecer que a conclusão se aproxima e, então, percebe-se que ainda não houve tempo suficiente. A reta final é, portanto, a reconquista da bondade da pessoa, do casal, dos relacionamentos interpessoais e da sociedade.

---

[23] **Cf. MASTANTUONO**, A. *La profezia straniera*, op. cit. p. 23.

+ O perdão requer um trabalho paciente e constante (jamais abandonar o jogo), a fim de restaurar a confiança em si mesmo e no outro (atribuir a si mesmo e ao outro a capacidade de recomeçar, ainda que a situação não pareça boa). O fator tempo é indispensável e prolonga-se conforme a profundidade da ferida. Pode-se desejar ardentemente que o gelo derreta depressa, mas a espera do tempo certo é indispensável para reconquistar a liberdade e a alegria do perdão.

+ O perdão exclui a minimização da culpa, que é sempre reconhecida como mal. Não se pode pensar o perdão como simples e cerimoniosos pedidos de desculpas por pequenos contratempos, resultantes de comportamentos involuntários, aos quais estamos acostumados em nosso cotidiano. No seu sentido próprio, o perdão se aplica àquilo que parece fortemente ofensivo, cuja matéria em si é grave e, ao mesmo tempo, deve ser percebido pela pessoa ofendida como difícil de ser "resgatado". O perdão supõe a aceitação do sofrimento que lhe é inerente. Não foge da realidade para evitar suas dificuldades, mas a enfrenta, bebe o cálice da situação desagradável. Não há verdadeiro perdão se antes não se toma consciência da ofensa objetiva, do mal que produziu a gangrena, da necessidade de intervir mediante um corte profundo, uma mudança de rumo. Uma reconciliação é falsa se acontece sem, fora ou contra a verdade, se não se aplica a uma busca sincera do que está errado na vida a dois, no modo de comunicar-se, no cuidar de si, na manifestação de afeto, na atenção dedicada ao outro.

✦ O perdão supõe a fé na possibilidade de perdoar aquilo que parece imperdoável. Para muitos estudiosos, a categoria da impossibilidade é que caracteriza o perdão e o faz ultrapassar os limites das normas éticas. Essa convicção assinala a distância entre os cristãos e aqueles que, ao contrário, consideram certos crimes absolutamente imperdoáveis. É o caso de Vladimir Jankélévitch, que pensava que o perdão tivesse morrido nos campos de concentração nazistas ("Quando o culpado é corpulento, bem nutrido, próspero, o perdão é uma piada sinistra"; "Mataram seis milhões de judeus. Mas dormem tranquilos. Comem bem e as finanças estão em ordem"; "Diante da anistia universal concedida aos assassinos, os deportados, os fuzilados e os massacrados podem contar apenas conosco. Se deixássemos de pensar neles, acabaríamos de exterminá-los"). Perdoar pode parecer uma eliminação da culpa, como um evento imanente que, em certo sentido, pode transformar a história em farsa. O perdão parece impotente diante da irreversibilidade do mal: "[...] o perdão é forte como a maldade, mas não mais forte do que ela".[24]

---

[24] JANKÉLÉVITCH, V. *Il perdono*, cit. p. 235.

Todavia, o perdão pode ser oferecido sem ser condicionado por algum direito/dever. O tempo não tem o poder de gerar o perdão, que depende da consciência, de um instante atemporal, em certo sentido, que põe termo a uma continuidade e institui outra: "Suspende a antiga ordem, inaugura uma nova ordem".[25] Por isso, não se trata de esquecer, mas, ao contrário, de soldar a memória contra as investidas do tempo e da morte. Sem tal transgressão vertical e gratuita da ética (para Kierkegaard trata-se de "suspensão da ética"[26]), a história exclui da sua narrativa o paradoxo escandaloso de Cristo ("Amai os vossos inimigos").[27]

◆ Não há perdão se, depois de reconhecer as causas e as dinâmicas dos fatos, não se ultrapassa a pura análise, no sentido das considerações de tipo preva-

---

[25] Ibid., p. 213.

[26] Cf. KIERKEGAARD, S. *Timore e tremore*. In: FABRO, C. (org.) *Opere*. Firenze: Sansoni, 1972. [Ed. bras.: *Temor e tremor*. Rio de Janeiro: Tecnoprint, 1988.]

[27] Belíssimas são as expressões de Martin Luther King a esse respeito: "Aos nossos mais obstinados opositores, nós dizemos: nós oporemos à vossa capacidade de infligir sofrimentos a nossa capacidade de suportar os sofrimentos; vamos ao encontro de vossa força física com a nossa força de ânimo. Fazei aquilo que quiserdes, e nós continuaremos a amar-vos. Nós não podemos, em sã consciência, obedecer vossas leis injustas, porque a não cooperação com o mal é uma obrigação moral não inferior à cooperação com o bem. Colocai-nos na prisão, e nós ainda vos amaremos. Lançai bombas sobre as nossas casas e ameaçai nossos filhos, e nós ainda vos amaremos. Mandai vossos sicários encapuzados às nossas casas, por volta da meia-noite, espancai-nos e deixai-nos meio mortos, e nós ainda vos amaremos... Um dia nós conquistaremos a liberdade, mas não somente para nós mesmos: apelaremos tanto ao vosso coração e à vossa consciência que, depois de tanto tempo, conquistaremos a vós, e a nossa vitória será em dobro" (LUTHER KING, M. *La forza di amare*. Torino: Sei, 1963).

lentemente racionais, e se passa ao registro da compaixão, da empatia e da misericórdia. O perdão faz parte da "poética da vida", embora não possa ser relegado à utopia.

✦ O perdão exige um ato de vontade, ou seja, a intenção de querer perdoar aceitando pacientemente o tempo necessário para a reconciliação e colocando gestos afáveis em prática, sempre que possível. É necessário perseverar na confiança de que o amor pode vencer o mal cometido. Esta disposição vai contra a cultura romântica dos sentimentos como único paradigma do amor, que não contempla o empenho da vontade. Em Cristo, o perdão é a realidade de seu ser de misericórdia, mas também um mandamento.

✦ Para poder perdoar é necessário olhar adiante. Não há perdão se a vida é retomada como era antes, como uma fotocópia desbotada. Diante do ódio que ficou no passado, o perdão impede que a pessoa seja subjugada pelo mal e orienta o olhar para um futuro ainda a construir. Liberta, portanto, a pessoa, a faz sentir portadora de uma história ainda a ser escrita, não de um patrimônio genético inamovível.[28] Aquilo que aconteceu não nasceu conosco e em cer-

---

[28] Hannah Arendt o diz claramente: "Se não formos perdoados, libertados das consequências daquilo que fizemos, nossa capacidade de agir seria, por assim dizer, reduzida a uma simples ação da qual não poderemos mais retornar; permaneceríamos sempre vítimas das suas consequências" (ARENDT, H. *Vita Activa*, op. cit. p. 175).

ta medida pode ser abandonado, ou antes, deve ser, se não se quer envelhecer antes do tempo. O casal que não se perdoa vive um processo de necrose, já que a dependência do passado o impede de investir no futuro. Se os dois decidem não se render, não se fixar na ofensa, então acreditam que um futuro ainda é possível, que "o amor vence tudo". Por isso o perdão caminha lado a lado com a criatividade, que consegue misturar e recombinar as coisas, "como se" pudessem ser modeladas de forma diferente daquela que apresentam no momento.

↔ Para uma verdadeira reconciliação é preciso que também o ofendido reconheça ser frágil e não estar à altura da promessa de amor. Todos, em certos momentos, podem sentir-se inseguros, não desejados, incompreendidos, e reagir a determinados eventos com comportamentos incoerentes, desproporcionais ou incorretos. Em certo sentido, seria necessário inverter o provérbio machista: "Vez por outra é bom dar uma surra na mulher e nos filhos: tu podes não saber por que estás batendo, mas eles sabem por que estão apanhando", transformando-o em um pedido de desculpas, que parte do reconhecimento da própria condição de pecador: "Vez por outra é bom agradecer e pedir desculpas a tua mulher e a teus filhos: eles não sabem o motivo, mas tu o sabes".[29] Esse reconhecimento é a premissa para fazer derreter o gelo do relacionamento e para que o perdão seja fraterno, não paternalista, libertador ao confrontar-se com o outro, a ponto de despertar a ternura por sua família e cuidar de seu lado obscuro. São Paulo o diz bem, sabendo que a falta de perdão, numa comunidade, só faz aumentar a desagregação e potencializar os caminhos do mal: "Se alguém foi causa de tristeza, não foi para mim, mas, até certo ponto, para todos vós. Digo isso sem nenhum exagero. Para esse tal, basta a punição por parte da comunidade. Agora, pelo contrário, é melhor que vos mostreis indulgentes com ele e o animeis, para que não venha a consumir-se de tristeza. Por isso, eu vos exorto a dardes prova de fraterno amor para com ele" (2Cor 2,5-8).

+ Para ser capaz de perdoar, é necessário que se dê valor à fidelidade, e não se tome o hábito de terminar uma relação porque não corresponde às expectativas. Dessa "alta" consideração de um valor no qual crer decorre a vontade de não ceder ao não amor, de manter firme a bússola da própria vida na direção certa, que, para os cônjuges, foi selada pelo matrimônio, civil ou religioso.[30]

---

[29] Cf. BACHELET, G. Vita di famiglia, luogo di riconciliazione e di perdone. In: *Famiglia Domani*, 3 (1997), pp. 56-59.

[30] Demonstrações nesse sentido podemos encontrar em FINCHAM, F. D.; BEACH, S. R. H. Forgiveness and Conflict Resolution in Marriage. *Journal of*

o dom do perdão | 137

+ O perdão requer um forte desejo de reconstruir a harmonia nas relações. É preciso ter experimentado, na própria vida, a importância de viver em paz consigo mesmo e com os outros. Dessa sede de paz surge o profundo empenho em querer superar um momento difícil, fazendo de tudo para que a serenidade retorne.

+ Para perdoar de verdade, é necessário perdoar a si mesmo e, portanto, aprender a curar as próprias feridas, sobretudo aquelas mais profundas, trazidas desde a infância. Essa cura da psique não pode ser apenas passivamente esperada ou exigida como um direito, mas procurada com a fantasia, com a vontade e os meios mais oportunos.

O sentimento de culpa pode nascer da incapacidade de perdoar (na pesquisa alemã, 37% dos entrevistados declaravam-se convictos de ser muito difícil perdoar-se). Pode entrar aqui também um processo de autodifamação. Se no ínterim a pessoa a quem se deve pedir perdão morre, aumenta o sentimento de culpa. O autoperdão supõe a análise, a compreensão das próprias fraquezas psíquicas e morais (de coragem, de humildade...) e a aceitação desses limites.[31] George Bernanos escreve:

Family Psychology, 1 (2004), pp. 72-81. Mediante a análise de duas pesquisas nesse campo, os autores indicam o caminho do perdão para uma vida longa e satisfatória na relação conjugal.

[31] "Para perdoar a si mesmo não se pode ignorar o acontecido, mas confrontar-se com ele. A elaboração do passado evita a remoção, que é um mecanismo de

É mais fácil alguém crer que se odeia. É uma graça esquecer-se de si mesmo. Entretanto, se não houvesse em nós mais traços de orgulho, a graça das graças consistiria em amar humildemente a nós mesmos, como se fôssemos um dos membros sofredores de Jesus Cristo.[32]

Aceitar a si mesmo, sempre tendo em conta a citada enquete alemã, atesta uma personalidade sadia, que sabe recomeçar a partir do sofrimento causado aos outros, sobretudo ao cônjuge, confiando no projeto de amor empreendido e interrompido, mas que se pode retomar:

> O perdão é um ato de amor, momento de autorresponsabilização, de análise das próprias escolhas e do desejo de encontrar um ponto de contato com o mundo, a fim de poder continuar a viver e realizar os próprios projetos.[33]

O percurso de cura, com suas implicações no plano psicológico e psicoterapêutico, segue diversas etapas, que variam segundo o conselho dos terapeutas. Eis a síntese das doze etapas terapêuticas sugeridas por Monbourquette:

---

defesa extremamente prejudicial à paz interior" (CAVALIERE, R. *Perdonare*, op. cit., p. 91).

[32] BERNANOS, G. Journal d'un curé de campagne. In: *Oeuvres complètes*, I. Paris: Gallimard, 1961. p. 1258. [Ed. bras.: *Diário de um pároco de aldeia*. São Paulo: É Realizações, 2011.]

[33] CAVALIERE, R. *Perdonare*, cit., p. 94.

o dom do perdão

1. não se vingar nem fazer gestos ofensivos;
2. reconhecer as próprias feridas;
3. partilhar as próprias feridas com alguém;
4. identificar bem a perda, para ativar o luto;
5. aceitar a raiva e o desejo de vingança;
6. perdoar a si mesmo;
7. compreender a pessoa que nos ofendeu;
8. encontrar um sentido para a ofensa;
9. considerar-se digno de perdão e perdoar a si mesmo;
10. deixar de lado a raiva ao decidir perdoar;
11. abrir-se à graça do perdão;
12. decidir pôr fim à relação ou renová-la.

Normalmente, no final do percurso festeja-se o perdão.[34]

Outro aspecto terapêutico que começa a aparecer no campo das ciências médicas do tipo não psicológico é aquele recuperado da sabedoria oriental, que utiliza a acupuntura. No pensamento clássico taoista e budista e no desenvolvimento sincrético Chan e Zen, o perdão

---

[34] Cf. MONBOURQUETTE, J. *Comment pardonner*, cit., pp. 75-211. O trabalho de restaurar a relação é analisado também nas suas etapas por KALELLIS, P. M. *Restoring Relationship*. Five Things to try before you say Goodbye. New York: Crossroad, 2001. O autor indica em cinco etapas o restabelecimento das relações (1. A rendição, começando do início; 2. Dar um destino correto à própria raiva; 3. Perdoar e sentir-se livre; 4. Comunicar e concordar; 5. Amar e viver mais). Outras modalidades de etapas podem ser encontradas em forma sistemática em PASCAL, I. *È possibile perdonare?*, cit., p. 232.

é fonte de cura: de fato, cura as feridas provocadas pelo ressentimento, renova as pessoas, os matrimônios, as famílias, as comunidades e a vida social.[35]

Alguns estudiosos de acupuntura dizem que "segundo o ditado do pensamento clássico chinês, o perdão é renúncia ao ressentimento e, portanto, é um doar" antes de julgar.[36] Segundo o conteúdo clássico do pensamento chinês, o dar efetivo é o revelado no amor:

> O amor é frequentemente descrito nas religiões orientais como harmonia até mesmo na discórdia. O verdadeiro amor para com o outro é incondicional, não tem nenhum "porquê". O amor inclui aspectos como compaixão, serviço, amizade e cooperação. O amor não é um lugar aonde chegar, mas o lugar do qual se provém. Portanto, o perdão é o acesso ao amor, a conquista do perfeito fluir do Qi, a realização do movimento de expansão do coração, a obtenção completa da finalidade do Shen. O amor é a mais alta expressão do espírito e a realização da Lei... através da compreensão, o perdão permite o máximo conhecimento, a máxima tomada de consciência do nosso espírito... Perdoar e adequar-se à Lei, segundo os mestres, os santos e os profetas, conduz à redes-

---

[35] Cf. YU-LAN, F. *Storia della filosofia cinese*. Milano: Mondadori, 1990; LIU, D. *Il Tao e la cultura cinese*. Roma: Astrolabio, 1981; GRANET, M. *Il pensiero cinese*. Torino: Einaudi, 1971 [Ed. bras.: *O pensamento chinês*. Rio de Janeiro: Contraponto, 1997.]

[36] Cf. KALTENMARK, M. *La filosofia cinese*. Milano: Xenia, 1994.

o dom do perdão | 141

coberta das relações entre o Todo e o ser humano, entre Deus e a sua criatura, entre o macro e o microcosmo. Quando o rancor e o não perdão atormentam o homem, o médico acupunturista pode ajudar.[37]

A iniciativa pessoal é indispensável ao perdão; não se pode esperar que o recomeço seja iniciativa do outro. Pode-se receber ajuda de um excelente psicólogo, de uma pessoa madura na fé, de um bom livro, mas, substancialmente, é a pessoa que deve tomar a iniciativa de dar o passo para a reconciliação. Trata-se de uma escolha de responsabilidade em relação ao seu condicionamento ao mal, que faz seu percurso inexorável gerando vinganças, represálias e sentimentos maldosos, que envolvem sempre mais pessoas, num emaranhado de laços que abrange toda a humanidade. É preciso que em dado momento a pessoa encontre forças para interromper essa sequência natural de fatos com uma decisão livre e criativa.

O equilíbrio é a condição para o perdão, a densidade humana de uma pessoa capaz de ponderar a culpa e recuperar a relação de serenidade consigo mesma.[38]

---

[37] Cf. VV.AA. *Il perdono...*, op. cit., Comunicação ao Congresso "Perdoar para libertar-se, perdoar-se para sarar", L'Aquila, 5-6 de junho de 2004. Cf. SEIDEL, A. *Il taoismo, religione non ufficiale della Cina*. Venezia: Libreria Editrice Cafoscarina, 1997; EDDE, G. *Meditazione e salute*. Benessere del corpo e dello spirito secondo la medicina e le tradizioni cinese. Milano: Il Punto d'Incontro, Milão, 2001.

[38] "Quem prefere o sofrimento à alegria de viver dificilmente consegue perdoar" (R. CAVALIERE, *Perdonare*, cit., p. 11.

Encontrar o equilíbrio nesse campo não é coisa simples, uma vez que o perdão é tão difícil de ser dado e recebido quanto de ser concebido. "O caminho do perdão tem sua origem na desproporção existente entre os dois polos da culpa e do perdão".[39] Existe uma tensão misteriosa, que cada um tem o dever de mediar: "Embaixo, a confissão da culpa; no alto, o hino ao perdão... O hino (à caridade) encabeça a grande poesia sapiencial, que celebra ao mesmo tempo o amor e a alegria".[40]

A independência interior da vítima em relação ao ofensor é a condição do perdão. De fato, quem perdoa, de certa forma se liberta do pensamento obsessivo do opressor, do desejo de matar o inimigo ou de autodestruir-se (suicídio), que no fundo ratifica o triunfo do algoz. Também o suicídio é uma forma de vingança: o não amor torna impossível viver. De qualquer forma, o ofendido sai de uma história que o outro comanda, liberta-se da dependência, da necessidade de ser amado e toma a vida em suas próprias mãos, deixa de imputar seus problemas ao opressor, de lamentar-se contra ele, aceita os próprios limites e as próprias forças e começa a amar. Narrando sua experiência de perdão, Emmanuelle Marie escreve:

---

[39] RICOEUR, P. *La memoire...*, cit., p. 650.
[40] Ibid.

o dom do perdão | 143

Eu tinha o poder de perdoar sua falta ou continuar a deixar o seu mal transpassar minhas relações, marcadas pelas feridas recebidas... Só mais tarde compreendi que, ao invés de comportar-me como um disco riscado, reagindo inconscientemente às palavras ou atos dos outros, como se me encontrasse ainda diante daquele que me tinha ferido... eu podia reinventar-me, deixar de ser o centro das minhas atenções e ir ao encontro do outro, sem sobrepor-lhe aquele personagem que pertencia ao meu passado.[41]

Para perdoar é preciso ser uma "nova pessoa", com força para interromper a sequência do mal. Começa-se com a capacidade de perdoar os próprios pais, por qualquer erro que eles tenham cometido, substituindo as lamentações por gratidão. Não é difícil encontrar pessoas presas à infância, que têm uma relação mal resolvida com os pais e que se queixam por tudo que lhes tenha sido negado, subtraído ou injustamente partilhado com os irmãos. O caminho de cura dos traumas de infância (inclusive os mais graves, como o incesto, os maus-tratos, as sevícias e os descuidos) precede e torna possível a sucessiva capacidade de perdoar o próximo. Por isso M. Vaillant escreve: "O perdão dado aos nossos pais é uma promessa feita aos nossos filhos".[42]

---

[41] MARIE, E. *La pazienza dell'istante*. Padova: Messagero, 2001, p. 61.

[42] Cf. VAILLANT, M. *Pardonner à ses parents*. Il n'est jamais trop tard pour se libérer des secrets de famille. Cher: Pocket, 2004. p. 248.

Para ser uma pessoa nova, capaz de perdoar, é preciso ter passado pela experiência de sentir-se perdoado, pois quem não conheceu o perdão, dificilmente o concede. O dom gratuito de ter sido perdoado faz sentir até o fundo da própria alma uma alegria ímpar por perceber-se amado sem mérito algum e além da conta. Num mundo em que nos habituamos facilmente à ideia de que tudo deve ser pago, merecido, trocado, a alma que sabe não apenas que nada tem, mas que nada é, canta a maravilha de um amor que não depende de suas aptidões, nem se mede pela sua capacidade de fazer o bem, que dá confiança no futuro, porque é generosamente doado quando não há razão alguma para isso: é grátis. Esse modo surpreendente de agir é coisa de Deus, "o Senhor, misericordioso e clemente, paciente, rico em bondade e fiel, que conserva a misericórdia por mil gerações e perdoa culpas, rebeldias e pecados..." (Ex 34,6-7). Da parte dos seres humanos, pode somente ser imitado: "Sede misericordiosos, como o vosso Pai é misericordioso" (Lc 6,36).

A reconciliação de corpos

Pode-se estar certo de que o perdão realmente produziu os seus efeitos quando já não se chora mais pelas limitações, próprias e dos outros ("Não choreis por mim! Chorai por vós mesmas e por vossos filhos" – Lc 23,28), e se recomeça a colaborar numa perspectiva positiva e construtiva. Roberto Mancini salienta a necessidade de evitar o monólogo do perdão e o define como

> o livre ato de amor – ou, seja como for, de respeito ativo – de quem readmite à relação consigo mesmo o próprio ofensor, reconhecendo-lhe uma dignidade que supera o mal que ele fez.[43]

O perdão retoma a comunicação e a torna satisfatória para ambos. Com a experiência se aprende a esperar o momento em que é possível alegrar-se juntos pelos frutos positivos do relacionamento conjugal, depois de tê-lo preparado adequada e sabiamente, ressaltando o êxito de cada pequeno esforço, felicitando-se pelos objetivos conseguidos. Na ótica cristã, o perdão é uma palavra inadequada para exprimir o amor, como bem se compreende pela recomendação do Evangelho:

> Ouvistes o que foi dito: "Amarás o teu próximo e odiarás o teu inimigo!". Ora, eu vos digo: amai os vossos inimigos e orai por aqueles que vos perseguem! Assim vos tornareis filhos do vosso Pai que está nos céus; pois ele faz nascer o seu sol sobre maus e bons e faz cair a chuva sobre justos e injustos. Se amais somente aqueles que vos amam, que recompensa te-

---

[43] MANCINI, R. Esistenza e gratuità..., cit. p. 146.

reis? Os publicanos não fazem a mesma coisa? E se saudais somente os vossos irmãos, que fazeis de extraordinário? Os pagãos não fazem a mesma coisa? Sede, portanto, perfeitos como o vosso Pai celeste é perfeito (Mt 5,43-48).

Quando o amor retorna ao casal, renasce também o desejo de ser uma só carne. Às vezes a união, buscada demasiadamente depressa, pode levar a crer que uma relação íntima seja uma poção milagrosa. É preciso evitar pensar na relação sexual como algo paradisíaco de per si, desligando-a da relação integral entre duas pessoas e da fidelidade cotidiana ao pacto de amor estabelecido, para não cometer o erro de usá-la automaticamente como instrumento de reconciliação.

A linguagem do corpo permanece sempre sujeita a uma ambivalência que não deve ser subestimada. Pode, certamente, ter um valor reconciliador e terapêutico: depois de um pequeno litígio, uma suspeita ou uma desatenção, um abraço faz sentir-se desejado e pode ajudar a ultrapassar a ofensa e retomar a caminhada conjugal. É preciso, porém, que o outro corresponda ao leve toque da carícia ou ao convite de um abraço e mostre sua disposição para corresponder ao convite, até que a neblina se desfaça e a serenidade retorne.

Esse mesmo gesto, porém, em situações diferentes, pode tornar-se violência: uma carícia pode parecer um arranhão, um abraço pode ser recebido como tentativa de aprisionamento, um beijo, como uma invasão indevida. Nem o matrimônio pode ser considerado como autorização para uma relação íntima não desejada. Simone Weil falava de certos casamentos como "prostituição legalizada" (e por vezes – acrescentemos – também "abençoada"), quando são vividos como permissão para usar o corpo do outro.

Quando falta o entendimento, a proximidade física é percebida, sobretudo pela mulher, como ofensa à sua dignidade como pessoa, reduzida apenas a um corpo, despojada do seu pudor, exposta e tida como disponível, independentemente dos sentimentos e pensamentos que a invadem. Ela teme que ele se sirva do corpo dela para disfarçar a gravidade da ofensa, sem levar em conta o mal cometido, sem sentir e cuidar das feridas. É particularmente ofensivo para ela que a função sexual seja considerada mais importante que o pedido de compreensão e afeto, quando ele, para satisfazer o desejo, para retornar imediatamente à união após uma briga e anular a distância dos corpos, se torna invasor e não atenda ao pedido de afetuosidade.

Para ambos se pode dizer que a pessoa se torna particularmente sensível e vulnerável quando se sente frágil, desarmada e pacificadora diante do outro ("O rei está nu", como são as pessoas quando amam). Convém não comentar, não julgar, não ofender nem se sentir ofendido por eventual recusa, não insinuar, mas, ao contrário, respeitar a distância, ter paciência, concordar com o tempo necessário para que o outro se sinta amado, libertado e livre para exprimir sua linguagem amorosa.

O perdão se coloca essencialmente em um nível diferente do físico, ainda que depois, tenha sua manifestação e sua chancela na união dos corpos. Por isso, o matrimônio é também uma escola de castidade, no sentido que exige a capacidade de protelar a união e esperar que o outro passe da recusa ao acolhimento, ao dom.

Amor e saúde têm a ver com a bondade do ser. Um corpo adoece também pelo veneno que a psique descarrega sobre ele, pelo mal-estar profundo da pessoa, pelo seu cansaço, pelo seu envelhecimento. Inúmeras fragilidades físicas, distúrbios de ordem nervosa, tumores e outras doenças psicossomáticas têm a ver com alguma disfunção da vida moral e relacional. A união dos dois corpos reconciliados supõe que cada um seja sadio, reconciliado consigo mesmo, em equilíbrio físico e interior, de modo que o mal seja afugentado e ambos sejam capazes de transmitir amor e positividade um ao outro. Nesse sentido, o perdão cura e restabelece a integralidade da própria pessoa e do outro. É sinal de ressurreição dos corpos.

Quando ambos doam um ao outro o próprio corpo na intimidade da relação conjugal, realizam um valioso trabalho de valorização da própria identidade, honram-se mutuamente, quase se veneram. Através da linguagem do corpo, manifestam o seu prazer, estimam-se como a pessoa mais importante do mundo, sentem-se plenamente homem e mulher, e assim confirmam sua identidade sexual. Cada um sente satisfeito o seu próprio modo de estar no mundo em relação àquele tu e é infinitamente grato ao outro pelo dom de uma união que sente como eterna: "Ontem, hoje e amanhã". Amar alguém é como dizer-lhe, com as palavras de Gabriel Marcel: "Tu não morrerás".

A união, enquanto renova a própria vida e a do outro, gera também um poder que pode concretizar-se numa vida nova. Mas a união dos corpos não é somente em função da procriação, nem somente uma comunicação psíquica e afetiva. Hoje há a tendência de ver também uma dimensão espiritual, no sentido que solicita a transcendência do eu do seu egocentrismo, ensina-lhe a doação de si, faz experimentar a vida de unidade. Num plano totalmente diferente, a união conjugal bem vivida, exatamente enquanto expressão de amor entre duas pessoas, recorda a analogia trinitária. Há uma linguagem comum do dom que evoca a Trindade e torna comuns todos aqueles que experimentam a vida de unidade (família, amizade, comunidade monástica ou sacerdotal). No caso dos esposos, o específico é a linguagem do corpo, que possui sinais analógicos de forte intensidade, inclusive no plano espiritual (a recordação da Eucaristia deveria ser levada seriamente em consideração[44]).

---

[44] Cf. nossa obra *Amore e pane*. Eucaristia in famiglia. 2. ed. Cantalupa: Effatà, 2004. [Ed. bras.: *Amor e pão*: Eucaristia em família. São Paulo: Loyola, 2007.]

O PERDÃO SÁBIO

"Há um tempo para perdoar..."

O perdão é fundamentalmente de origem divina. Ao encarnar-se, precisa de tempo, deve distender o sofrimento segundo o modo de ser de cada pessoa e lentamente liberta os corações para mostrar, enfim, sua eficácia.

Nem sempre é oportuno aplicar automaticamente o mandamento do perdão, que, embora permaneça como tal, requer que se espere o tempo oportuno e as condições de disponibilidade interior, de modo que a palavra ou o gesto de reconciliação não pareçam afetação, uma careta ou apenas um esforço muscular. Necessita-se de um tempo proporcional à ofensa, para que a ferida cure ou pelo menos cicatrize.

É preciso aprender a carregar aquela pedra que inicialmente parece insuportavelmente pesada, a beber o cálice amargo da própria humilhação, da falta de amor que esvazia o sentido e paralisa a alma. É necessário aprender a pôr um freio ao rancor, que produz efeitos em cascata sobre a vida cotidiana, contaminando com a

o dom do perdão | 153

desunião todos os relacionamentos, na família, no trabalho e na Igreja.

Quem consegue dominar a cólera e absorver a própria dor, aos poucos deixa de ruminar e começa a ouvir os apelos do outro com os ouvidos da alma. Mas se der atenção aos delírios da autocomiseração e da lamentação, todo momento será usado para repetir as acusações, para golpear de modo mais ou menos claro o ofensor, sem conseguir nem mesmo reconhecer os tímidos passos de reconciliação ("Você nunca poderá apagar o mal que me fez", "Você tenta se aproximar, mas isso é pouco e é tarde demais...").

Depois de ter se libertado da cólera, um casal pode encarar a ideia do perdão como possível, mesmo que isso signifique ir contra a corrente da cultura dominante (pense no provérbio: "Na primeira vez se perdoa, na segunda se condena, na terceira se dá uma surra"). Estuda-se mentalmente como conseguir esse objetivo, talvez porque se tenha uma lembrança dos tempos do catecismo, ou porque alguém com quem se aconselhou o disse, ou porque sente irrespirável o ar de hostilidade ou de falsa indiferença que reina na família, ou, enfim, porque se quer oferecer aos filhos um ambiente de paz. Quem já superou difíceis crises no casamento sabe bem que o perdão não pode mudar o que aconteceu, mas pode transformar o significado, libertá-lo do bloqueio que paralisa os relacionamentos. Tomás Moro, numa oração, indica os caminhos da necessária sabedoria:

> Senhor, dai-me paciência para aceitar as coisas que não posso modificar, forças para modificar as que posso e sabedoria para distinguir umas das outras.

Pode acontecer que um dos dois se encontre em condições de maior serenidade em relação ao que aconteceu e, talvez, com a ajuda dos sacramentos e do Espírito Santo que age em segredo, ou talvez incentivado por um conselho animador, consiga realizar gestos proativos que visam reacender a reciprocidade. A fragilidade de quem toma a iniciativa está na timidez da proposta, na dependência da resposta do outro, no temor de uma recusa e, ao mesmo tempo, na procura do mínimo sinal de assentimento. Quem perdoa ou quer o perdão aceita defrontar-se com o risco do outro.[1] Como escreveu Vladimir Jankélévitch:

> a pretensão da eficácia, nesse assunto, é portanto a causa mais comum do insucesso, embora a ênfase inocente do insucesso, por si só, torne eficazes o perdão e o remorso.[2]

---

[1] "Vladimir Jankélévitch pode ser aqui entendido quando afirma que todo pedido de perdão pode ser recusado. O perdão não acontece por si mesmo" (REVILLON, B. '900: l'ora del perdono, art. cit.).

[2] JANKÉLÉVITCH, V. *Il perdono*, cit. p. 216.

A paciência evita a armadilha da confusão de um perdão muito apressado com um "esquecimento artificial" (o "perdão esquecido" de Jankélévitch), com um perdão incondicionado, em nome de uma humanidade comum (Martin Buber), com um esforço da vontade de refazer a qualquer custo laços desfeitos, ou com a resignação à injustiça. Se pensamos nas traições, nos casos de violência sexual, na exploração, em todas as torturas psicológicas que podem ser infligidas na vida conjugal; quando se pensa nas vítimas de crimes imperdoáveis, como os estupros em massa ou os genocídios, seria leviandade pedir o esquecimento das culpas e o rápido perdão. Não se pode perdoar nem mesmo quando houver esquecimento, se não for concedida a palavra a quem foi humilhado, se a escuta não gerar compaixão também pela fraqueza de quem ofendeu, se não houver uma tentativa de recomeçar sob uma perspectiva nova.[3] É mais sábio esperar por tempos melhores, quando a ofensa sofrida tiver exercido em quem foi ofendido seu efeito catártico e o ofensor tiver ido até o fundo das lembranças das faltas cometidas. O perdão exige muita paciência: "Há um tempo para o imperdoável e um tempo para o perdão".[4]

---

[3] "O perdão não é esquecimento do passado: é o risco de um futuro diferente... É um convite à imaginação" (DUQUOC, C. Il perdono di Dio. In: *Concilium*, 2 [1986], p. 224).

[4] RICOEUR, P. *Persona, comunità, istituizioni*, cit. p. 104.

O perdão é um jugo sob o qual todos devem passar, cedo ou tarde, se quiserem construir relações de paz. Isto vale com maior razão para o casamento, quando se torna inevitável que um dos dois, ainda que involuntariamente, fira o outro. Um casamento duradouro exige paciência, não apenas em relação aos confrontos das traições ou das ofensas sofridas, mas, em geral, pelos limites, pelas manias que o tempo por vezes torna insuportáveis. O perdão, de fato, alude mais radicalmente à aceitação do outro, que se revela nos seus limites, quando já se perderam os encantos da paixão. Perdoar-se, nesse sentido, pode significar reconhecer que para ambos é difícil, com o passar dos anos, lidar com a dissolução das aspirações surgidas nos primeiros anos, sabendo que a ternura que nasce da compaixão pelas respectivas fragilidades ainda é amor.

Não basta dedicar tempo, análise ou meios para um final feliz de um amor fiel, como por vezes as ciências humanas levam a crer. Quando sinceramente nos reconhecemos limitados e incapazes de uma verdadeira reconciliação, o único ato digno é o de volver o olhar para o alto e esperar pelo dom da caridade divina. É isso que permite a ação inicialmente unilateral de um dos dois, tornando-o capaz de gestos de amizade, antes e de modo independente (mas não indiferente) da reação do outro. No processo que leva ao perdão, pode-se chegar ao ponto zero, em que o peso da natureza humana chega ao limite da sua impotência. Chega-se ao dilema entre o ganho – com a necrose do amor – e a graça do perdão, que reativa o processo de comunicação e regenera o relacionamento, um pouco como uma nova criação, a partir das suas cinzas. Nesse sentido, perdoar é o milagre de uma flor que nasce numa fossa.[5]

Dar e pedir perdão é indispensável para testemunhar ao mundo de hoje que o amor fiel e feliz é possível. Essa confiança de fundo nutre-se de Transcendência, como disseram, com razão, os fariseus e os escribas ao redor do leito do paralítico: "Só Deus pode perdoar os pecados" (Lc 5,21). O casamento desenvolve plenamente suas possibilidades se os cônjuges buscam no amor gratuito de Deus a força de perdoar-se "setenta vezes sete" (Mt 18,21-22). De modo especial, os casais cristãos, que aderiram à palavra evangélica do perdão e do amor aos inimigos, são levados mais que os outros a percorrer até o fim o caminho da misericórdia, do abandono do orgulho, do pedido e da concessão do perdão. Comenta Chiara Lubich:

> Há quem pense que o perdão seja uma fraqueza. Não, é a expressão de uma coragem extrema, é amor

---

[5] "Uma flor escondida, desconhecida: a terra na qual floresce a cada vez é empastada de dor e de vitória sobre si mesma" (RUBIO, M. La vertu chrétienne du pardon. In: *Concilium*, 204 [1986], p. 101.)

verdadeiro, o mais autêntico porque é o mais desinteressado. "Se amais somente àqueles que vos amam", disse Jesus, "que merecimento tereis? Os pagãos não fazem o mesmo? Amai os vossos inimigos".[6]

Por vezes, a Graça passa por caminhos inesperados. Emmanuelle Marie fala sobre uma mulher rebelde e depressiva, condenada por assassinar o marido:

> Um dia eu a encontrei transformada, alegre, maquiada, rejuvenescida. Ela sonhara que o marido se aproximava e a abraçava, pedindo-lhe perdão por tê-la induzido a matá-lo. Ela despertou na luz daquele abraço em que ambos pediam perdão um ao outro. A partir de então ela começou a interessar-se pelas jovens detentas.[7]

Como escreveu Godfried Danneels, os esposos carregam consigo a lâmpada do amor humano, como as virgens da parábola: um ama o outro porque também é amado.[8] É necessário, porém, o óleo da graça, que faz brilhar a lâmpada com a caridade divina, aquela capaz de amar também quando não se é amado, óleo raro em nossa época, que mais facilmente se contenta com a solidariedade e a responsabilidade. Somente os esposos sábios, como as virgens da parábola, fazem reserva

---

[6] LUBICH, C. *Commento alla parola di vita*, set. 2002, p. 3.

[7] MARIE, E. *La pazienza dell'istante*, cit., pp. 64-65.

[8] Cf. Mt 25,1-3.

o dom do perdão | 159

e são capazes de perdoar e reacender o fluxo do amor recíproco. A lâmpada da boa vontade dos esposos e a graça do óleo divino fazem uma combinação misteriosa, um coquetel que gera o verdadeiro perdão:

> Pode-se comparar ao som do piano. As duas mãos são necessárias: a esquerda, para o acompanhamento e a direita para a melodia. Essa é a regra. Tocar com uma mão só é possível, mas o som é muito pobre e incompleto. Assim também para o perdão: toca-se com as duas mãos, a de Deus e a do homem... nós tocamos o acompanhamento e Deus toca a melodia. É esta última que determina o caráter da peça musical.[9]

Restaurar a memória

O perdão exige uma livre revisão do passado, feita com sabedoria, prudência e moderação. O conceito platônico (Sócrates forçava a memória do escravo Menone, para que se empenhasse em lembrar o teorema de Pitágoras) e o freudiano de "trabalhar através" da memória traumatizada (*durcharbeiten*, análise ininterrupta) podem ser vantajosos, graças ao confronto amigável entre

---

[9] DANNEELS, G. *Sermon sur la Parabole des dix Vierges*, art. cit., p. 16.

[*] Segundo o Dicionário Houaiss da Língua Portuguesa: lembrança pouco precisa; reminiscência, recordação; na filosofia platônica, rememoração gradativa através da qual o filósofo redescobre dentro de si as verdades essenciais e latentes que remontam a um tempo anterior ao de sua existência empírica. (N.E.)

vítimas e opressores. Também essa é uma modalidade de *anamnesis*.* Não basta absolver, saldar um débito, é preciso "restaurar uma memória" e, por consequência, reformular a identidade narrativa própria de cada pessoa e de cada coletividade (povos, nações, grupos). Na história de uma coletividade está envolvido um sistema de pensamento que rege uma determinada cultura, que em geral tende a julgar o outro a partir de seu próprio ponto de vista. Na história pessoal, esse trabalho parte da reconstrução do relacionamento com os pais, ou seja, a partir das primeiras relações que imprimiram a marca do amor e das feridas que permaneceram na alma. É preciso de alguma forma reconciliar-se com o próprio passado e as próprias origens para que se tornem pessoas maduras.

Hannah Arendt aborda igualmente o tema do perdão, ligando-o estritamente à identidade e, portanto, ao agir, porque é graças à capacidade de perdoar que se pode colocar a promessa em ação: se não somos libertados daquilo que fizemos e não libertamos os outros, permanecemos fechados num círculo sufocante, o qual, voltando sempre a um determinado ato, não permite olhar para além, agir, ligar-se aos outros com a promessa e, portanto, afirmar uma cidadania ativa e criativa.

Para os casais que causaram um ao outro uma quantidade enorme de sofrimento, acontece como para os povos e os Estados que carregam histórias de guerras religiosas, de conquista, de extermínio, submissão das minorias étnicas, expulsão ou absorção das minorias religiosas. Em ambos os casos a restauração da memória não pode ser solitária nem unilateral. É preciso confrontar-se com a outra parte a fim de conseguir que a reelaboração da identidade narrativa aconteça como uma correção no modo de ouvir a narrativa da outra parte. Uma reelaboração individual não faria mais do que reforçar a contraposição entre o orgulho dos vencedores e a sede de vingança dos vencidos. Pelo contrário, a confissão e a narrativa mútua da própria versão dos fatos podem movê-los à compreensão e à compaixão. A simples narração tem, de fato, um poder benéfico, se encontra boa disposição em ouvir, se é capaz de criar um "clima melhor, condições melhores para a cura".[10] Quem ouve, nem por isso justifica, mas se esforça por compreender e acaba por esvaziar o mal de sua escuridão medonha. Bem escreveu Alain Gouhier:

> Ouvir infinitamente a narração de um ódio é desistir da sua continuação através da espada: somente a

---

[10] BENJAMIN, W. Erzählung und Heilung. In: *Denkbilder, Gesammelte Schriften*, I-II. Frankfurt: Surkamp, 1974. p. 691. Trad. it. in: PASCAL, I. *È possible perdonare?*, cit., p. 83.

audição infinita do ódio mascarado naquela espada tem a força de mudá-lo em amor, porque as razões nunca são infinitas e o ouvinte que as acolhe possui a força de relativizá-las, mostrando com sua atenção infinita a impossível infinitude delas.[11]

Os relacionamentos interpessoais, na família e na sociedade, são reaquecidos, alimentados e aprimorados nas suas contradições pelo irromper do perdão como um fluxo de gratuidade, que não pode *fazer de conta* que nada aconteceu, mas pode-se *fazer com que* as coisas tomem outro rumo.

Um trabalho de "rememoração" não significa automaticamente perdão, já que se coloca num plano psicológico relacional, ao passo que o perdão, no sentido próprio, é um ato ético e espiritual. Mas sem esse trabalho, o perdão corre o risco de ser simplesmente a "pedra sobre o assunto", uma pedra que, se for erguida, exibe a podridão irresoluta do passado. É preciso que a memória de um, entrecruzada com a do outro, dê novo sentido aos acontecimentos, às intenções e ao agir das pessoas.

Não se pode mudar aquilo que aconteceu, mas, ao dar-lhe outro sentido, pode-se libertá-lo do peso da culpa que paralisa as relações. "Aquilo que aconteceu não

---

[11] GOUHIER, A. *Per une métaphysique du pardon*, cit., pp. 575-576.

o dom do perdão | 163

pode deixar de ter acontecido" (Jankélévitch); do mesmo modo, quem fez não pode mais desfazer. O perdão não apaga o que aconteceu e não elimina as consequências negativas que surgiram, que constituem um débito a ser pago. Somos e permanecemos encravados numa história, herdeiros de um passado, entrelaçados no presente com uma multidão de pessoas que atravessam a nossa vida e produzem algum efeito. Mas podemos aliviar os sofrimentos, carregá-los juntos e até mesmo transformá-los em recursos. Daniella Iannotta comenta o seguinte:

> Da parte do culpado, o perdão pode abrir novas possibilidades de intervenção e de iniciativas em construir a história; de outro lado, da parte da vítima, o reconhecimento do débito pode restaurar uma capacidade de iniciativa que de outro modo estaria frustrada: em ambos os casos se produz "uma mudança de sentido daquilo que aconteceu".[12]

Para perdoar, é preciso ter feito a análise dos fatos, dos motivos e dos limites de si mesmo e do outro. É necessário conseguir aceitar-se como se é, com determinada personalidade e uma história particular, aceitação essa que torna possível quando nos sentimos aceitos por

---

[12] IANNOTTA, D. Prefácio a RICOEUR, P. *La memoria, la storia, l'oblio*. Milano: R. Cortina, 2003. p. XXI. [Ed. bras.: *A memória, a história, o esquecimento*. Campinas: Ed. Unicamp, 2007.]

alguém. Recorrer à fonte do Amor divino nos permite reconhecer os próprios erros e as ofensas recebidas, que, apesar de tudo são envolvidos pela misericórdia. Inserir a própria história numa leitura sobrenatural permite investir confiança em si mesmo, o que é essencial não somente para quem se sentiu ofendido, mas também para quem ofendeu, e que corre o risco de cair no desespero por achar-se indigno e incapaz de recomeçar. A força de um olhar misericordioso, incondicional, consegue romper a lei da irreversibilidade do tempo.

Assim se estabelece um movimento circular entre o humano e o divino que, de uma parte, evidencia a importância da graça para conseguir perdoar e, de outra, condiciona a ação da graça exatamente à capacidade de perdoar.[13] "Perdoai as nossas ofensas, assim como nós perdoamos a quem nos tem ofendido..." é uma expressão que alude à imitação do comportamento misericordioso de Deus ("faze que nós perdoemos assim como tu perdoas"). Mas também quer dizer o contrário: podemos crer em Deus, imagem do perdão, na medida em que nós temos certa experiência em receber e conceder o perdão na realidade cotidiana. As duas versões do Evangelho remetem a uma relação que une o perdão

---

[13] Não por acaso, um pequeno e denso texto de G. Danneels se intitula *Pardonner. Effort de l'homme, don de Dieu*. Mechelen: SPA, 1998.

humano ao perdão divino: em Lucas (Lc 11,4), com um "porquê", que faz do perdão humano condição do perdão divino; e em Mateus (Mt 6,12), com um "como", que faz do perdão humano a medida do perdão divino.

No interior da consciência desenvolve-se o processo de reconquista da paz, mas esta não seria senão autocontemplação de uma boa alma se não incluísse um percurso semelhante feito pelo ofensor. Cada uma das partes pode influir sobre a psique própria e a do outro na obra de restauração da memória. Somente a reciprocidade recuperada assegura a verdade do perdão, quando o outro, e não somente eu, livre do peso do mal sofrido ou infligido, é capaz de amar novamente. No amor, nada é assegurado *a priori* e é preciso sempre recomeçar pelo deslumbramento. Ricoeur explica:

> Trata-se de ajudar aquele a quem se perdoa a compreender a si mesmo, a aceitar-se, a renunciar a alguma pretensão à glória e à humilhação. Se não tivermos percorrido esse caminho, não vejo como podemos pretender ajudar o outro a fazê-lo. É, pois, uma experiência de reciprocidade extraordinariamente difícil e árdua. É uma dor, porque no perdão nós temos algo a perder. Por outro lado, é muito evangélico. "Quem quiser salvar a própria vida tem que perdê-la".[14]

---

[14] REVILLON, B. '900: l'ora del perdono, art. cit.

166 | o dom do perdão

Quem perdoa quem

Aquele que perdoa não pode sentir-se melhor do que aquele que ofendeu. Quando se vai até o fundo da análise das responsabilidades e das culpas, acaba-se por perceber-se, direta ou indiretamente, cúmplice de todos os crimes cometidos contra a humanidade, e se descobre que sobre a terra não há um único inocente capaz de fazer-se de juiz ou de árbitro. Todos estamos envolvidos em crimes contra o ser vivente, que para Deus é sagrado e, portanto, culpáveis perante ele, porque a ofensa, o prejuízo, a morte do homem repercutem de algum modo também em Deus. Dado que esse processo dispõe para autoacusação, fazendo as vezes de juiz e de penitente (como se fosse um outro eu), ou se cai no abismo da depressão suicida, ou então, na inevitável simpatia com a qual o eu olha para si mesmo buscando encontrar infinitos atenuantes para o seu próprio comportamento. As desculpas do eu são vantajosas para os demais: a pessoa tenderá a aplicar a si a mesma medida (o outro pode ter ofendido por ignorância, por superficialidade, por desatenção...). Então, um perdão verdadeiro não se realiza sem a constatação de que todos, de alguma forma, somos descendentes de criminosos condenados ou legitimados e exaltados pela história (chefes de Estado, revolucionários).

o dom do perdão

Além do humano

A ofensa é um desafio contínuo à capacidade de amor de uma vítima. Quem perdoa recebe de Deus, gratuitamente ou em resposta à oração, a capacidade de perdoar o que é imperdoável. Por isso, quanto mais espiritualmente enfraquecido, mais difícil perdoar. Escreveu um psiquiatra: "Todo dia no meu trabalho eu me convenço de que as pessoas completamente desprovidas no plano espiritual são as mais frágeis".[15] E Andrè Frossard afirmava: "O cristão é alguém que vive muito além dos próprios recursos".

Quase sempre o perdão se associa ao dom da fé, ainda que o contrário não seja verdadeiro, ou seja, quem tem fé não necessariamente perdoa. Por isso, ao aprofundarmos o estudo do perdão, encontramos suas marcas sobretudo nas tradições religiosas monoteístas, que remontam a Abraão, enquanto Aristóteles diz explicitamente que o bom amigo que se mancha com uma culpa e não se corrige não é mais amigo.[16] Os textos sagrados falam de perdão, e os judeus, os cristãos e os muçulmanos indicam o Deus misericordioso como modelo. Esse aspecto inter-religioso, que compreende,

---

[15] Cf. PASCAL, I. *È possibile perdonare?*, cit. p. 216.

[16] Cf. ARISTÓTELES. *La retorica*. L. II, cap. 8 [Ed. bras.: *Retórica*. São Paulo: Martins Fontes, 2012]; Id., *Etica nicomachea*, L. II, cap. 4 [Ed. bras.: *Ética a Nicômaco*. São Paulo: Martin Claret, 2005].

de formas e modos diferentes, também as religiões não monoteístas, não deveria excluir os não crentes: o Espírito age em segredo, distribuindo seus dons a todos. Nenhuma admiração, portanto, se também aqueles que não conhecem ou não levam em conta as Sagradas Escrituras forem capazes de perdoar.

Além do microcosmo

Do ponto de vista das instituições, não convém levantar a bandeira do perdão sem antes fazer o possível para promover a reconciliação no interior do próprio grupo. Dela depende a credibilidade de uma instituição. Pensemos na Igreja Católica e na sua missão evangelizadora.[17] João Paulo II escreveu:

> Perante nossos contemporâneos, tão sensíveis à prova concreta do testemunho de vida, a Igreja é chamada a dar o exemplo da reconciliação primeiramente no seu interior... todos devemos agir para pacificar os ânimos, moderar as tensões, superar as divisões, sanar as feridas eventualmente causadas entre irmãos, quando se percebe o contraste das opções no campo das opiniões, e buscar, ao invés, ser unidos naquilo que é essencial para a fé... conforme a antiga máxima: *In dubiis libertas, in necessariis unitas, in omnibus*

---

[17] "A nova evangelização é o perdão" é o título de um parágrafo do livro de G. Saldarini, *Amare come Dio fino al perdono*. Cantalupa: Effatá, 2003.

caritas (Na dúvida, liberdade; no necessário, unidade; em tudo, caridade).[18]

O perdão aceita as diferenças

No perdão não se pode ter como critério a igualdade, porque para o ofendido o outro parece apenas digno de castigo, e não se pode comparar inocência e culpa racionalmente. Quem perdoa não pode adotar critérios de proporcionalidade nas ações recíprocas. Não é uma coisa boa, que corresponda a critérios morais. Trata-se de seguir o exemplo de Jesus, que perdoou por iniciativa sua, que pediu perdão ao Pai por nós e pediu-nos que fizéssemos o mesmo. Essa excelência de Cristo em perdoar em comparação com os personagens da história humana é universalmente reconhecida, de modo que se pode dizer, com razão, que toda imprecação contra o cristianismo é também uma imprecação contra o perdão, como se constata em Nietzsche.[19]

Quem perdoa foi amado e perdoado

Quem perdoa experimentou desde pequeno a alegria da reconciliação com os irmãos, com a mãe, com o pai. Aprendeu a saborear o abraço dos pais depois da

---

[18] JOÃO PAULO II. *Reconciliatio et paenitentia*, n. 9.

[19] Cf. PASCAL, I. *È possibile perdonare?*, cit., p. 221.

o dom do perdão

reconciliação, e não se contenta com sorrisos forçados, de apertos de mão formais, mas faz de tudo para recriar as condições de alegria já experimentada. Aquele que perdoa dá aos outros aquilo que gratuitamente recebeu. Com base em sua experiência pessoal, está capacitado a prodigalizar aos outros o mesmo excesso de amor que recebeu. São Paulo diz isso de modo esplêndido:

> Como eleitos de Deus, santos e amados, vesti-vos com sentimentos de compaixão, com bondade, humildade, mansidão, paciência; suportai-vos uns aos outros e, se um tiver motivo de queixa contra o outro, perdoai-vos mutuamente. Como o Senhor vos perdoou, fazei assim também vós (Cl 3,12-13).

> Não basta, portanto, não responder a uma ofensa, a um erro..., somos solicitados a mais que isso: fazer o bem a quem nos fez o mal, como o recordam os Apóstolos: "Não pagueis mal com mal, nem injúria com injúria, mas, ao contrário, respondei bendizendo"; "Não vos deixeis vencer pelo mal, mas vencei o mal com o bem".[20]

Quem perdoa sabe pedir perdão

A consciência dos próprios limites nos ensina a pedir perdão e esperar que o outro nos perdoe de coração,

---

[20] LUBICH, C. *Parola di vita*, dez. 2004.

a reconhecer o erro e não se envergonhar de buscar a reconciliação. Liberta-se assim da ostentação de pessoa justa, como também do desespero de quem se sente arrasado por causa do mal cometido. As humilhações ensinam a humildade. É precondição do perdão saber colocar as vestes humildes de quem necessita da ajuda dos irmãos, da esposa, da Igreja, do inimigo, e ter esperança num futuro já reconciliado, perscrutando cada sinal de consentimento para avançar na ponta dos pés, sem ser invasivo, rumo à reconquista de plena sintonia.

Quem perdoa está disposto a pagar o preço

O objetivo da reconciliação exige que se passe pelas consequências das escolhas infelizes, sejam próprias ou de outros. O sacrifício vale aquilo que de mais precioso dela resulta. Do mesmo modo, Cristo "estabeleceu a paz... por seu sangue derramado na cruz" (Cl 1,20). Bernanos está convencido de que o perdão é o sangue de Cristo que circula no seu corpo místico. Os casais que se perdoam injetam fluxos de vida nova, reinventam o *ingroup* conjugal* e voltam a investir num futuro que tem ainda muito a dizer de sua união, mas não pretendem que a reconciliação seja gratuita e aprendem a merecer-lhe os frutos.

---

* Segundo as definições da Sociologia e da Psicologia Social, *ingroup* é o grupo social ao qual, psicologicamente, a pessoa sente pertencer. (N.E.)

Quem perdoa não descansa até retomar a amizade

Quem ama não leva em conta a culpa e busca unicamente restabelecer a relação. O tu representa o risco e a aventura do seu perdão, a incógnita que o obriga a sair de suas elucubrações e o impele a medir-se com o outro. Sabe que esse tu é a possibilidade de uma paz reencontrada, de um "paraíso reconquistado". Também nisso é exemplar o comportamento de Jesus, que perdoou não somente com palavras: foi à casa dos pecadores, falou com a samaritana face a face, recebeu o beijo de Judas, amou a Pedro que o tinha traído, chamou entre seus discípulos um publicano dedicado à arrecadação de impostos, deixou que uma pecadora lhe ungisse os pés, fez-se batizar como um pecador e, enfim, morreu por eles ("Em seguida, pegou um cálice, deu graças e passou-o a eles, dizendo: 'Bebei dele todos, pois este é o meu sangue da nova aliança, que é derramado em favor de muitos, para remissão dos pecados'", Mt 26,27-28). Uma vida plenamente vivida no amor pelos seus, iniciada entre os pecadores e finalizada na cruz pelos pecadores.

> Para viver essa realidade não basta somente perdoar, se o coração e o olhar não forem totalmente novos.
>
> Será preciso perscrutar nos recantos mais escondidos do nosso coração e eliminar até mesmo a simples indiferença, a falta de benevolência, toda atitude de superioridade e de negligência com quem quer que lhe passe ao lado.

Mais ainda, é preciso um trabalho de prevenção. Eis que a cada manhã eu vejo com um novo olhar a todos que encontro, na família, na escola, no trabalho, nos negócios, pronto a passar por cima de qualquer coisa que me desagrade no modo de agir deles... Aproximo-me de cada pessoa com essa completa anistia no coração, com esse perdão universal. Não me lembro mais dos seus defeitos, cubro tudo com o amor. E ao longo do dia, procuro reparar cada descortesia, uma explosão de impaciência, com um pedido de desculpas ou um gesto de amizade. Substituo uma atitude de rejeição instintiva do outro por uma atitude de pleno acolhimento, de ilimitada misericórdia, de completo perdão, de partilha, de atenção às suas necessidades.

Então, eu também, quando erguer o olhar ao Pai, sobretudo quando lhe pedir perdão pelos meus erros, serei atendido nos meus pedidos e poderei dizer com plena confiança: "Perdoa as nossas dívidas, assim como nós perdoamos aos que nos devem" (Mt 6,12).[21]

---

[21] LUBICH, C. *Parola di vita*, set. 2002.

Apêndice
A Palavra do perdão

Antigo Testamento

O Antigo Testamento apresenta duas faces de Deus: juiz implacável e poderoso, e rico em misericórdia para com o seu povo, não obstante as traições e os pecados. Constata-se também a confiança do povo, muito bem expressa nos Salmos, ao longo de todo o percurso. Apresentamos aqui apenas alguns trechos que podem introduzir-nos à meditação.

***

Caim disse ao Senhor: "Meu castigo é grande demais para que eu o possa suportar. Se hoje me expulsas deste chão, devo esconder-me de ti, quando estiver fugindo e vagueando pela terra; quem me encontrar vai matar-me". Mas o Senhor lhe disse: "Se matarem Caim, ele será vingado sete vezes". O Senhor pôs então um sinal em Caim, para que ninguém, ao encontrá-lo, o matasse. Caim afastou-se da presença do Senhor e foi habitar na região de Nod, a leste de Éden (Gn 4,13-16).

o dom do perdão | 175

Como hesitasse, os homens tomaram Ló pela mão, a ele, à mulher e às duas filhas – pois o Senhor tinha compaixão dele –, fizeram-nos sair e deixaram-nos fora da cidade. Uma vez fora, disseram: "Trata de salvar tua vida. Não olhes para trás, nem pares em parte alguma desta região, mas foge para a montanha, se não quiseres morrer". Ló respondeu: "Não, meu Senhor, eu te peço! O teu servo encontrou teu favor, e foi grande tua bondade comigo, conservando-me a vida. Mas receio não poder salvar-me na montanha, antes que a calamidade me atinja e eu morra (Gn 19,16-19).

Moisés disse ao povo: "Cometestes um grandíssimo pecado. Agora vou subir até o Senhor, para ver se de algum modo poderei obter perdão para o vosso delito". Moisés retornou para junto do Senhor e disse: "Ah! Este povo cometeu um grandíssimo pecado. Fizeram para si deuses de ouro. Mas agora perdoa-lhes o pecado, senão, risca-me do livro que escreveste". O Senhor respondeu a Moisés: "Riscarei do meu livro quem pecou contra mim. E agora vai, conduze o povo para onde eu te falei. O meu anjo irá à tua frente; mas quando chegar o dia do castigo, eu os castigarei por este seu pecado". Assim o Senhor castigou o povo pelo que fez com o bezerro fabricado por Aarão (Ex 32,30-35).

O Senhor disse: "Farei passar diante de ti toda a minha bondade e proclamarei meu nome, 'Senhor', na tua presença. A quem mostro meu favor, eu o mostro; a quem demonstro misericórdia, eu a demonstro". E acrescentou: "Não poderás ver minha face, porque ninguém me pode ver e permanecer vivo" (Ex 33,19-20).

"Não te prostrarás diante deles, nem lhes prestarás culto, pois eu sou o Senhor teu Deus, um Deus ciumento. Castigo a culpa dos pais nos filhos até à terceira e quarta geração dos que me odeiam, mas uso de misericórdia por mil gerações para com os que me amam e guardam os meus mandamentos" (Dt 5,9-10).

Davi respondeu a Gad: "Estou em grande angústia. É melhor cair nas mãos do Senhor, cuja misericórdia é grande, do que cair nas mãos dos homens!" (2Sm 24,14).

Eis que minha amargura transformou-se em paz. Livraste-me a vida da cova do nada, e os meus pecados jogaste para trás (Is 38,17).

Mesmo que as serras mudem de lugar, ou que as montanhas balancem, meu amor para contigo nunca vai mudar, minha aliança perfeita nunca há de vacilar – diz o SENHOR, o teu apaixonado (Is 54,10).

o dom do perdão | 177

Que o malvado abandone o mau caminho, que o perverso mude seus planos, cada um se volte para o SENHOR, que vai ter compaixão, retorne para o nosso Deus, imenso no perdoar (Is 55,7).

Quero lembrar os benefícios do SENHOR, celebrar os louvores do SENHOR, por tudo o que fez em nosso favor, pela grande bondade com a casa de Israel, quando a beneficiou em sua ternura, em sua imensa misericórdia (Is 63,7).

Olha com atenção aí do céu, de tua morada santa e majestosa! Onde está o teu ciúme e a tua valentia? Teu coração comovido, tua paixão para comigo estão recolhidos? (Is 63,15).

Se alguém quiser gloriar-se, seja sensato e tenha o meu conhecimento, pois eu sou o SENHOR, que põe em prática a misericórdia, a justiça e o direito no país, porque é disso que eu gosto – oráculo do SENHOR (Jr 9,23).

Ah! Senhor Deus! Tu que fizeste o céu e a terra com grande poder e com a força do teu braço, para ti nada é impossível. Praticas a misericórdia para com milhares, mas também cobras os pecados dos pais nas costas dos filhos depois deles, Deus grande e valente – Senhor dos exércitos é teu nome! (Jr 32,17-18).

"... pois só em ti é que o órfão encontra compaixão" (Os 14,14 c).

Disse-lhe então o Senhor: "Eu os perdoei, conforme teu pedido. No entanto, juro por minha vida e pela glória do Senhor que enche a terra inteira: nenhum dos homens que viram minha glória e os sinais que fiz no Egito e no deserto, e que já por dez vezes me puseram à prova e desobedeceram, verá a terra que jurei dar a seus pais. Nenhum dos que me despreza- ram verá essa terra. Mas como o meu servo Caleb, animado de bem outro espírito, me seguiu fielmente, eu o introduzirei na terra que visitou e que seus des- cendentes herdarão. Visto que os amalecitas e os ca- naneus moram nas planícies, mudai de rumo amanhã e parti para o deserto pela rota do mar Vermelho" (Nm 14,20-25).

Eu, porém, confiado na tua grande piedade entro em tua casa, me prostro diante do teu santo templo no teu temor. (Sl 5,8).

Volta, Senhor, livra a minha alma, salva-me em tua pie- dade (Sl 6,5).

Eu confiei na tua misericórdia. Alegre-se meu coração na tua salvação e cante ao Senhor, pelo bem que me fez (Sl 13,6).

o dom do perdão | 179

Não recordes os pecados da minha juventude, e as minhas transgressões; lembra-te de mim na tua misericórdia, pela tua bondade, Senhor. Volta-te para mim e tem misericórdia, porque sou só e infeliz (Sl 25,7.16).

Meu caminho é reto; resgata-me e tem misericórdia! (Sl 26,11).

Atende, Senhor, tem piedade, Senhor, vem em meu auxílio. Mudaste em dança meu lamento, minha veste de luto em roupa de festa, para que meu coração cante sem cessar. Senhor, meu Deus, eu te louvarei para sempre (Sl 30,11-13).

Senhor, não me recuses tua misericórdia; tua fidelidade e tua graça me protejam sempre, pois me rodeiam males sem número, minhas culpas me oprimem e não posso mais ver. São mais que os cabelos da minha cabeça; meu coração desfalece. Digna-te, Senhor, livrar-me; vem depressa, Senhor, em meu auxílio (Sl 40,12-14).

Ó minha força, a ti quero cantar porque és tu, ó Deus, a minha defesa, o meu Deus de misericórdia (Sl 59,18).

As nossas culpas pesam sobre nós, mas tu as perdoas (Sl 65,4).

Bendito seja Deus, que não rejeitou minha oração nem me recusou sua misericórdia (Sl 66,20).

Deus, na sua misericórdia, perdoava o pecado e não os destruía. Muitas vezes refreou sua ira e não deixava agir todo o seu furor. Lembrava-se de que eram mortais, um sopro que se vai e não volta (Sl 78,38-39).

Não recordes contra nós as culpas dos nossos pais; venha logo ao nosso encontro a tua misericórdia, porque estamos reduzidos à miséria extrema. Ajuda-nos, ó Deus, nosso salvador, pela glória do teu nome, salva-nos e perdoa os nossos pecados por amor do teu nome (Sl 79,8-9).

Mostra-nos, Senhor, a tua misericórdia e dá-nos a tua salvação. Ouvirei o que diz o Senhor Deus: ele anuncia paz para seu povo, para seus fiéis, para quem volta a ele de todo o coração. Sua salvação está próxima de quem o teme e sua glória habitará em nossa terra. Misericórdia e fidelidade se encontram, justiça e paz se abraçam (Sl 85,8-11).

Se consideras as culpas, Senhor, Senhor, quem pode aguentar? Mas em ti se encontra o perdão, para seres venerado com temor. Espero no Senhor, minha alma espera na sua palavra. Minha alma aguarda o Senhor mais que as sentinelas a aurora. Mais que as sentinelas a aurora, Israel espere o Senhor, porque junto do

Senhor está a misericórdia, e junto dele é copiosa a redenção. Ele vai redimir Israel de todas as suas culpas (Sl 130,3-8).

Aleluia! Louvai o Senhor, pois ele é bom: pois eterno é seu amor (Sl 136,1).

É o Senhor quem perdoa todas as tuas culpas, que cura todas as tuas doenças; é ele quem salva tua vida do fosso e te coroa com sua bondade e sua misericórdia. O Senhor é misericordioso e compassivo, lento para a cólera e rico em bondade. Não estará em demanda para sempre, e não dura eternamente sua ira. Não nos trata conforme nossos pecados, não nos castiga conforme nossas culpas. Pois quanto é alto o céu sobre a terra tanto prevalece sua bondade para com os que o temem. Quanto é distante o oriente do ocidente, tanto ele afasta de nós nossas culpas (Sl 103,3-4.8-12).

Ninguém mais precisará ensinar seu irmão, dizendo-lhe: "Procura conhecer o SENHOR!". Do menor ao maior, todos me conhecerão. Já terei perdoado suas culpas, de seu pecado nunca mais me lembrarei (Jr 31,34).

Louvem o Senhor por sua bondade e por suas maravilhas em favor dos homens (Sl 107,31).

Perdoa ao próximo que te prejudicou: assim, quando orares, teus pecados serão perdoados (Eclo 28,2).

De todos tens compaixão porque tudo podes, e fechas os olhos aos pecados dos mortais, para que se arrependam (Sb 11,23).

Eis que minha amargura transformou-se em paz. Livraste-me a vida da cova do nada, e os meus pecados jogaste para trás (Is 38,17).

Haverá algum Deus igual a ti, Deus que tira o pecado, que passa por cima da culpa do resto de sua herança, não guarda sua ira para sempre e prefere a misericórdia? Ele vai nos perdoar de novo! Vai calcar aos pés as nossas faltas e para o fundo do mar jogará todos os nossos pecados (Mq 7,18-19).

Assim diz o Senhor dos exércitos: deveis todos fazer julgamentos honestos, e cada qual pratique a bondade e a misericórdia para com seu irmão. Não deveis colocar em apuros nem a viúva, nem o órfão, nem o migrante, nem o mendigo (Zc 7,9-10).

Novo Testamento

A história não conhece um modelo tão perfeito de perdão como o de Jesus. Ele não absolve só com gestos e palavras, mas com a cruz. A rigor, pode-se dizer que somente ele pode perdoar, porque não foi tocado pelo mal; ao contrário, só fazia o bem, mesmo aos que lhe faziam mal.[1] Suas palavras expressam uma vida que se põe em jogo não somente se colocando da parte dos ofendidos, mas também da parte dos ofensores, derramando sobre todos uma torrente de misericórdia.

***

Felizes os misericordiosos, porque alcançarão misericórdia (Mt 5,7).

Quando estiveres levando a tua oferenda ao altar e ali te lembrares que teu irmão tem algo contra ti, deixa a tua oferenda diante do altar e vai primeiro reconciliar-te com teu irmão. Só então, vai apresentar a tua oferenda. (Mt 5,23-24).

Não julgueis, e não sereis julgados. Pois com o mesmo julgamento com que julgardes os outros sereis julgados; e a mesma medida que usardes para os outros servirá para vós. Por que observas o cisco no olho do teu irmão

---

[1] Cf. S. TOMÁS DE AQUINO, *Summa Theologiae*, IIa-IIae, q. 30, a. 4, resp.

e não reparas na trave que está no teu próprio olho? Ou, como podes dizer ao teu irmão: "Deixa-me tirar o cisco do teu olho", quando tu mesmo tens uma trave no teu? Hipócrita! Tira primeiro a trave do teu próprio olho, e então enxergarás bem para tirar o cisco do olho do teu irmão (Mt 7,1-5).

De fato, se vós perdoardes aos outros as suas faltas, vosso Pai que está nos céus também vos perdoará. Mas, se vós não perdoardes aos outros, vosso Pai também não perdoará as vossas faltas. (Mt 6,14-15).

Pedro dirigiu-se a Jesus perguntando: "Senhor, quantas vezes devo perdoar, se meu irmão pecar contra mim? Até sete vezes?". Jesus respondeu: "Digo-te, não até sete vezes, mas até setenta vezes sete vezes. O Reino dos Céus é, portanto, como um rei que resolveu ajustar contas com seus servos. Quando começou o ajuste, trouxeram-lhe um que lhe devia uma fortuna inimaginável. Como o servo não tivesse com que pagar, o senhor mandou que fosse vendido como escravo, junto com a mulher, os filhos e tudo o que possuía, para pagar a dívida. O servo, porém, prostrou-se diante dele pedindo: 'Tem paciência comigo, e eu te pagarei tudo'. Diante disso, o senhor teve compaixão, soltou o servo e perdoou-lhe a dívida. Ao sair dali, aquele servo encontrou um dos seus companheiros que lhe devia uma quantia irrisória. Ele o agarrou e começou a sufocá-lo, dizendo: 'Paga o que me deves'. O companheiro, caindo aos pés dele, suplicava: 'Tem paciência comigo, e eu te pagarei'. Mas o servo não quis saber. Saiu e mandou jogá-lo na prisão, até que pagasse o que estava devendo. Quando viram o que havia acontecido, os outros servos ficaram muito sentidos, procuraram o senhor e lhe contaram tudo. Então o senhor mandou chamar aquele servo e lhe disse: 'Servo malvado, eu te perdoei toda a tua dívida, porque me suplicaste. Não devias tu também ter compaixão do teu companheiro, como eu tive compaixão de ti?'. O senhor se irritou e mandou entregar aquele servo aos carrascos, até que pagasse toda a sua dívida. É assim que o meu Pai que está nos céus fará convosco, se cada um não perdoar de coração ao seu irmão" (Mt 18,21-35).

Disse Jesus: "Não são as pessoas com saúde que precisam de médico, mas as doentes. Não é a justos que vim chamar, mas a pecadores" (Mc 2,17).

Perdoa-nos os nossos pecados, pois nós também perdoamos a todo aquele que nos deve; e não nos introduzas em tentação (Lc 11,4).

Vieram alguns homens carregando um paralítico sobre uma maca. Eles tentavam introduzi-lo e colocá-lo diante dele. Como não encontrassem um modo de introduzi-lo, por causa da multidão, subiram ao telhado e, pelas telhas, desceram o paralítico, com a maca, no meio, diante de Jesus. Vendo a fé que tinham, ele disse: "Homem, teus pecados são perdoados". Os escribas e os fariseus começaram a pensar: "Quem é este que fala blasfêmias? Quem pode perdoar pecados, a não ser Deus?". Jesus, penetrando-lhes os pensamentos, perguntou: "Que estais pensando no vosso íntimo? O que é mais fácil, dizer: 'Teus pecados são perdoados', ou: 'Levanta-te e anda?'. Ora, para que saibais que o Filho do Homem tem poder de perdoar pecados na terra... eu te ordeno – disse ao paralítico –, levanta-te, pega tua maca e vai para casa". No mesmo instante, levantando-se diante de todos, pegou a maca e foi para casa, glorificando a Deus. Todos ficaram admirados e glorificavam a Deus, cheios de temor, dizendo: "Vimos hoje coisas maravilhosas" (Lc 5,18-26).

Jesus disse a Simão: "Estás vendo esta mulher? Quando entrei na tua casa, não me ofereceste água para lavar os pés; ela, porém, lavou meus pés com lágrimas e os enxugou com seus cabelos. Não me beijaste; ela, porém, desde que cheguei, não parou de beijar meus pés. Não derramaste óleo na minha cabeça; ela, porém, ungiu meus pés com perfume. Por isso te digo: os muitos pecados que ela cometeu estão perdoados, pois ela mostrou muito amor. Aquele, porém, a quem menos se perdoa, ama menos". Em seguida, disse à mulher: "Teus pecados estão perdoados" (Lc 7,44-48).

Sede misericordiosos como vosso Pai é misericordioso. Não julgueis e não sereis julgados; não condeneis e não sereis condenados; perdoai e sereis perdoados. Dai e vos será dado. Uma medida boa, socada, sacudida e transbordante será colocada na dobra da vossa veste, pois a medida que usardes para os outros, servirá também para vós (Lc 6,36-38).

Jesus dizia: "Pai, perdoa-lhes! Eles não sabem o que fazem!" (Lc 23,34).

Um dos malfeitores crucificados o insultava, dizendo: "Tu não és o Cristo? Salva-te a ti mesmo e a nós!". Mas o outro o repreendeu: "Nem sequer temes a Deus, tu que sofres a mesma pena? Para nós, é justo sofrermos, pois estamos recebendo o que merecemos; mas ele não fez nada de mal". E acrescentou: "Jesus, lembra-te de mim, quando começares a reinar". Ele lhe respondeu: "Em verdade te digo: hoje estarás comigo no Paraíso" (Lc 23,39-43).

Jesus disse: "A paz esteja convosco. Como o Pai me enviou também eu vos envio". Então, soprou sobre eles e falou: "Recebei o Espírito Santo. A quem perdoardes os pecados, serão perdoados; a quem os retiverdes, lhes serão retidos" (Jo 20,21-23).

"Mestre, esta mulher foi flagrada cometendo adultério. Moisés, na Lei, nos mandou apedrejar tais mulheres. E tu, que dizes?". Eles perguntavam isso para experimentá-lo e ter motivo para acusá-lo. Mas Jesus, inclinando-se, começou a escrever no chão, com o dedo. Como insistissem em perguntar, Jesus ergueu-se e disse: "Quem dentre vós não tiver pecado, atire a primeira pedra!". Inclinando-se de novo, continuou a escrever no chão. Ouvindo isso, foram saindo um por um, a começar pelos mais velhos. Jesus ficou sozinho com a mulher que estava no meio, em pé. Ele levantou-se e disse: "Mulher, onde estão eles? Ninguém te condenou?". Ela respondeu: "Ninguém, Senhor!". Jesus, então, lhe disse: "Eu também não te condeno. Vai, e de agora em diante não peques mais" (Jo 8,4-11).

Ouvistes que foi dito: "Amarás o teu próximo e odiarás o teu inimigo!". Ora, eu vos digo: Amai os vossos inimigos e orai por aqueles que vos perseguem! Assim vos tornareis filhos do vosso Pai que está nos céus; pois ele faz nascer o seu sol sobre maus e bons e faz cair a chuva sobre justos e injustos. Se amais somente aqueles que vos amam, que recompensa tereis? Os publicanos não fazem a mesma coisa? E se saudais somente os vossos irmãos, que fazeis de extraordinário? Os pagãos não fazem a mesma coisa? Sede, portanto, perfeitos como o vosso Pai celeste é perfeito (Mt 5,43-48).

O amor é paciente, é benfazejo; não é invejoso, não é presunçoso nem se incha de orgulho; não faz nada de vergonhoso, não é interesseiro, não se encoleriza, não leva em conta o mal sofrido; não se alegra com a injustiça, mas fica alegre com a verdade. Ele desculpa tudo, crê tudo, espera tudo, suporta tudo (1Cor 13,4-7).

Como eleitos de Deus, santos e amados, vesti-vos com sentimentos de compaixão, com bondade, humildade, mansidão, paciência; suportai-vos uns aos outros e, se um tiver motivo de queixa contra o outro, perdoai-vos mutuamente. Como o Senhor vos perdoou, fazei assim também vós (Cl 3,12-13).

Impresso na gráfica da
Pia Sociedade Filhas de São Paulo
Via Raposo Tavares, km 19,145
05577-300 - São Paulo, SP - Brasil - 2019